U0034707

為世界裝上輪子

讓現代工業開始快速轉動的福特

烏日克——著

走在工業化的前端，揮舞著現代化的旗幟
他改變了人類的生活方式，讓世界轉動的步伐更加快速
於世紀交替之際，奔馳在美國街道上的「輪子」，
昭示了新文明的降臨......

崧燁文化

目錄

前言

人物簡介

胸懷大志的少年

致力於全民事業

力挽狂瀾振興企業

回憶中度過晚年

附錄

前言

那是西元一八〇〇年，愛爾蘭裔法國著名經濟學家理查．坎蒂隆著作了《商業性質概論》一書，他在該書中首次對「企業家」進行了定義，闡釋企業家是專門承擔風險的人。

後來，奧地利著名政治經濟學家約瑟夫．熊彼得在所著《資本主義、社會主義與民主》中指出，企業家就是創新者，就是不斷探索新的可能方案，不斷尋找新的意義所在，不斷發現新的實現自我的途徑。按照他的定義，企業家的內涵和外延要廣泛得多，不僅包括在交換經濟中通常所稱的生意人，也包括公司僱傭人員，例如經理、董事會成員等。

美國著名企業家克雷格．霍爾在所著《負責任的企業家》中指出，企業家是做實事的人，是冒險家，是風險承擔者，他們對朋友、商界夥伴和社會是負責任的。也就是說，企業家不僅是社會革新者，更是社會責任與信用關係的維護者，並且致力於改進社會。

總之，「企業家是不斷在經濟結構內部進行『革命突變』，對舊的生產方式進行『創造性破壞』，實現經濟要素創新組合的人。」他們創造物質財富，推動社會不斷進步，使得人們更加幸福。財富雖然只是一個象徵，但它與人們的生活、國家的發展、民族的強盛等息息相關。

企業家也創造巨大的精神財富，他們在追求財富過程中所表現出來的創新、冒險、合作、敬業、學習、執著、誠信和服務等精神，值得我們每一個人學習。這種企業家精神是這個特殊群體的共同特徵，也是他們獨特的個人素質、價值取向以及思維模式，是他們行動的理性超越和精神昇華。

當然，企業家是在創造財富的實際行動中，在點點滴滴的事例中體現出偉大精神的。我們在追尋他們成長發展的歷程時就會發現，雖然他們成長發展的背景各不相同，但他們在一生中所表現出的辛勤奮鬥和頑強拚搏的精神，則是殊途同歸的。

這正如美國著名思想家和文學家愛默生所說：「偉大人物最明顯的標誌，就是他們擁有堅強的意志，不管環境怎樣變化，他們的初衷與希望永遠不會有絲毫的改變，他們永遠會克服一切障礙，達到他們期望的目的。」同時，愛默生認為：「所有偉大人物都是從艱苦中脫穎而出的。」

為此，我們特別推出了《中外企業家》叢書，精選薈萃了現當代中外在鋼鐵、石油、汽車、船運、時裝、娛樂、傳媒、電腦、訊息、商業、金融、投資等方面最具有代表性的企業家，主要以他們的成長歷程和人生發展為線索，盡量避免冗長的說教性敘述，採用日常生活中富於啟發的小故事來傳達他們的精神。尤其著重表現他們所處時代的生活特徵和他們建功立業的艱難過程。本套作品充滿了精神的力量、創業的經驗、經營的學問、管理的智慧以及財富的觀念，相信我們廣大讀者一定會產生強烈的共鳴和巨大的啟發。

為了讓廣大讀者更方便地了解和學習這些企業家，我們還增設了人物簡介、經典故事、人物年譜和名人名言等相關內容，使本套作品更具可讀性、指向性和知識性。為了更加形象地表現企業家的發展歷程，我們還根據他們的成長線索，適當配圖，使之圖文並茂，形式新穎，以便更加適合讀者閱讀和收藏。

我們在編撰本套作品時，為了體現內容的系統性和資料的詳實性，參考和借鑑了大量資料和許多版本，在此向所有辛勤付出的人們表示衷心謝意。但仍難免出現掛一漏萬或錯誤疏忽，懇請讀者批評指正，以利於我們修正。我們相信廣大讀者透過閱讀這些著名企業家的人生成長與成功故事，會更好地把握自我成長中的目標和關鍵點，直至開創自我的幸福人生！

人物簡介

名人簡介

亨利．福特（Henry Ford，一八六三～一九四七年），美國汽車大王，汽車工程師與成功企業家，福特汽車公司的首創人。

亨利．福特出生於一個農耕家庭，他生性喜愛擺弄各種機械設備，是個天生的機械師。他十三歲就開始修理鐘錶、機器，十七歲時告別農場到機械廠做學徒、機械師。

二十三歲時，製造經驗日漸豐富的他，開始研製使用內燃發動機帶動的交通工具，從此開創了他一生的事業。

一九〇三年，亨利．福特創立了福特汽車公司，並於一九〇八年推出了舉世聞名的T型車，占領了美國的汽車市場。

一九一三年，福特汽車公司率先研究出輸送帶裝配線，這種流水線生產方式的運用，使得汽車的生產率大大提高。T型車的設計也一直被保持到一九二七年，截至停產時總共生產了一千五百萬輛，直至四十五年後，這個世界紀錄才被打破。

亨利．福特還是個愛好和平的人，他於一九一五年組織和平船赴北歐各國，企圖阻止第一次世界大戰的爆發。

一九三六年，他創辦了福特基金會。

第二次世界大戰期間，福特耗資六千五百萬美元興建工廠為美軍製造飛機，幫助美國取得了第二次世界大戰的勝利，維護了國家的和平、穩定。

一九四七年四月七日，這位締造了汽車王國，並且由此改變了美國和世界各地人們生活的人，溘然長逝，享年八十三歲。

成就與貢獻

亨利．福特不僅是世界最大的汽車企業之一——福特汽車公司的創立者，還是世界上第一位使用流水線大批量生產汽車的人，並且提出了世界上最早的勞工保護制度。他先進的生產技術和管理理念，改變了美國人民甚至是世界人民的生活方式和工作方式。由他創立的福特基金會也一直恩澤後世。

一九〇八年十月一日，T型車剛一推出，便得到美國人的青睞。它操作簡單、結實耐用、價格合理，給人們提供方便，在很大程度上改變了人們的生活方式。

在一九一四年，亨利．福特就實行了很先進的勞工保護制度。他改進安全生產措施，實施八小時三班倒工作制，並且進行了薪資改革，實行五美元一天的最低工資待遇。這一系列的改革改變了美國人的工作方式，提高了人民的生活水準。

一九三六年，亨利．福特創立了美國福特基金會。該基金會發展迅速，至一九五〇年，它已經由一個地方性的基金會發展成為一個國家性和國際性的組織。

地位與影響

亨利．福特採用新興流水線生產T型車的方式，使汽車成為一種大眾產品，它不但改革了工業生產方式，而且對現代社會和文化產生了巨大的影響，因此有一些社會理論學家將這一段經濟和社會歷史稱為「福特主義」。而福特本人也由此被尊為「為世界裝上輪子」的人。

一九四六年，「汽車金色五十年」因為亨利．福特對汽車工業的卓越貢獻而授予他榮譽獎。《紐約時報》評論：「亨利．福特不僅是福特汽車公司的創立者，也是整個汽車行業的推動者。」

一九九九年，《財富》雜誌將亨利．福特評為「二十世紀最偉大的企業家」，以表彰他和福特汽車公司對人類工業發展作出的重大貢獻。亨利．福特這位締造汽車王國的人也將永遠被人類銘記於心。

胸懷大志的少年

有抱負的年輕人應該把目光放得長遠一些，從而為事業的發展留下充分的時間。

——福特

天生的機械匠

一八六三年七月三十日，亨利．福特出生於美國密西根州的迪爾本農場。

父親威廉．福特本是愛爾蘭農民。十九世紀中葉，愛爾蘭發生了馬鈴薯中毒和傷寒感染事件，許多愛爾蘭人被迫背井離鄉。亨利．福特的祖父喬治．福特帶著亨利．福特的父親威廉等三個孩子，跋山涉水，來到美洲底特律北部的迪爾本，並在這裡定居下來。

威廉剛到迪爾本時，附近遍地都是鬱鬱蔥蔥的森林，最初，他靠做工維持生計。

十五年後，威廉回到了迪爾本，原先熊和野狼出沒的茂密森林，如今已成為一個小村落，村中還設有冶煉廠和製材廠。威廉用多年的積蓄買了一百五十畝地，成為自耕農。

他在農場上建了一棟二層樓房，等新房建好時，威廉已經三十五歲了，這一年，他和附近農場主的女兒瑪麗小姐結了婚。

最初只是個做工的男子，變成了一個相當有身分的地主，這固然離不開威廉的勤儉節約，而瑪麗也功不可沒，具有荷蘭人血統的她非常愛整潔，總是把家裡收拾得有條不紊、一塵不染。同時，瑪麗為人和藹可親，又喜歡幫助別人。

一八六三年，他們的第一個孩子出生了，取名亨利．福特。之後，亨利．福特又相繼有了三個弟弟、兩個妹妹。這一大家子的家務都由瑪麗一手操持。她既要做奶油，又要做乾酪，縫補漿洗、燒飯種菜、養雞種花都是她的工作，甚至蠟燭、肥皂也都是瑪麗自製。

在瑪麗的辛勤操持下，福特家的廚房，什麼時候都是擦得乾乾淨淨的。大火爐裡燃燒著熊熊之火，水壺裡的水，總是「咕嚕咕嚕」地響著。每次快到吃飯的時候，屋子裡便充滿了飯菜的香味。這樣看來，福特一家人是多麼的和睦，其樂融融。

威廉也十分用心地經營著他的農場，除了種植小麥和玉米外，他還把部分土地開墾成果園和草地，草地用來放牧羊、馬。草地的後面是一片森林，裡面生活著浣熊、臭鼬、狐狸和野兔等野生動物。

在福特家一百五十畝的土地上，除了一座兩層樓建築外，還有冶煉廠和水力製粉廠，甚至還有羊毛紡織廠。白手起家的威廉·福特在事業上相當成功。

父親的農場很忙，福特又是家裡的老大，所以他不得不幫忙打理家裡的農活。開始是打掃雞舍，這活又髒又累，沒幹幾天他就不想幹了，以致長大後連雞肉都不想吃。去擠牛奶，沒幹幾天也不喜歡了。後來母親瑪麗把看馬的事分派給他。

有一天，當福特騎著一匹小馬在田埂上慢跑時，忽然有一頭牛從田地裡衝出來，受驚的小馬把福特摔在地上，由於他的雙腳還掛在馬鐙上，所以被小馬拖著跑了好一段時間。從此，福特除了雞、牛之外，又多了一種令他討厭的動物，那就是馬。

一八七一年，七歲的福特開始上學了，其實，早在家的時候，母親瑪麗已經教了他很多東西，讓他耐心地辨認字母，讀淺顯易懂的文章。

小福特每天都要去離家兩公里的學校上學，校園裡只有一間紅磚砌的校舍，好幾個年級擠在一起上課。老師只有一個，冬天由男教師上課，一到開春，男子都要下田勞動，高年級的學生也都幫大人下田幹活去了，學校只剩下一些低年級的學生，就由一名女教師給他們講課，一直至農忙結束。

上課時，孩子們讀《聖經》，朗誦上帝的禱文。老師認真執行基本教課程式：讀書、寫字、算數，同時也向學生們灌輸榮譽、刻苦、公平等準則。教室的講台前有個大壁爐，福特對它印象非常深刻。當學生犯錯誤時，老師就要罰他站到壁爐前邊，這樣他就整堂課都面對著壁爐。福特是個搗蛋鬼，這種待遇他常常「享受」。

福特還是惡作劇大王，有一次，在福特家幹活的德國移民阿道夫，惡作劇地在福特的床上放了一些鉚釘，於是，福特在房間裡徹夜地思考報仇的對策。阿道夫每天晚飯後有到門前柳樹下抽菸斗的習慣。於是，福特心裡便想到了一個鬼主意。

福特在鐵皮水桶的底部鑽了一個洞，洞口先用橡膠封上，用鐵絲作牽引，可以讓桶中的水流出來，然後把水桶綁在門前的那棵柳樹上。那天晚飯後，阿道夫做完工，照例來到柳樹下抽起菸來，躲在一旁的福特拉動連著橡皮塞子的鐵絲，於是，流下來的水澆了阿道夫一頭。

福特雖然調皮，但也是個聰明的孩子，他的功課並不差，都在及格以上，尤其是算術，他會口算和心算，從未出過錯。福特交的朋友也是班上最優秀的學生，名叫埃茲爾．拉迪曼。

福特和拉迪曼之間的友誼保持了一輩子，童年的他幾乎天天都跟拉迪曼在一塊兒，一起上學，一起玩耍，星期天一起去教堂。多年過去以後，拉迪曼成了福特汽車公司一名出色的藥劑師和化工師。後來，福特把自己的獨生兒子也取名為埃茲爾。

放學後，福特和拉迪曼常常跑到野外去玩耍，放風箏、釣魚、游泳。福特最喜歡的是跳高、爬樹、溜冰。當然，他對這些活動的興趣都比不上對機械所產生的興趣。

在福特上學的學校旁邊有一條排水溝，是用來給周圍的低窪農田排水的。福特這天忽發奇想，想玩水推磨的遊戲。他邀了幾個朋友，把水溝堵住，找了根鋤柄當轉軸，把水車和老式的咖啡磨連接起來，磨在轉的小石頭，石頭跟磨子一摩擦，產生了小火花，他們個個興高采烈。

當他們盡興而返時，卻忘了把堵住的水放掉，一夜之間，水漫出溝渠，這片低窪地成了一片「汪洋」，馬鈴薯秧都浮到了水面上。第二天農田主人怒氣衝衝地拆了他們的堤壩，並跑到學校裡告狀，福特又一次因自己的調皮受了懲罰。

雖然因水推磨的遊戲挨了訓，但福特對機械的興趣絲毫不減。那年他隨父親搭車到底特律。

在底特律的火車站裡，福特第一次看到了火車頭。他對這個大怪物很感興趣，以致那位好心的機車長允許他進入火車頭裡，並為他開動車頭，這大大地滿足了福特的好奇心。他還坐上駕駛台，把汽笛按得「嘀！嘀！」作響。

這天，福特回到家裡，興奮得整夜沒有睡著。

第二天一早，他便異想天開地模仿造火車。他瞞過母親，從廚房偷來兩個水壺，從儲藏室裡推出一個雪橇，把兩個水壺放在雪橇上，一個燒水，一個當爐子燒火用，當水壺冒出蒸氣時，他就推著雪橇一邊跑一邊叫：「嘀嘀！火車頭來了！」他完全沉浸在自己的歡樂之中了。

還有一次，福特跟幾個同伴玩蒸汽機的遊戲。他們把機器裝在學校的籬笆下，點著了火，機器飛快地轉了起來。可是孩子們仍嫌不過癮，希望它轉得更有力，他們拚命朝爐裡添煤。

正當他們全神貫注擺弄它時，鍋爐突然爆炸了。一時間，銅片、玻璃、鐵片四處飛散，福特的嘴唇也被割破了，同伴中有的人頭部受了重傷，爆炸的威力甚至把學校的柵欄都震倒了。後來還是福特的父親負責把它修好的。還好，威廉並沒有過多地責備孩子。

雖然屢屢闖禍，但福特還是一如既往地喜歡機器。他又在學校後面的小房子裡裝了一個熔爐，還特意為它配了台鼓風機。那是由一台破舊的碾米機改裝而成的，爐內溫度足以熔化玻璃，甚至黃銅。他把溶液倒進自製的沙模內，做成各種形狀的東西，自得其樂。

福特的一雙小手總是沒有閒的時候，當他看到木片這一類東西時，馬上就拿出他那雪亮的小刀，製造出各種物品。後來他又開始收集發條、鐵釘、鐵罐、鋸子以及螺絲鑽。

福特還有一個愛好，就是看到誰有一件新奇的、會動的玩具，都想拆開看個究竟。他的弟弟妹妹們算是領教了哥哥的本領了，每當他們有了一件新鮮玩具，都會異口同聲地說：「千萬別讓福特看到，否則他一定會拿去拆開的。」

福特除了拆玩具，就是拆農具、拆錶，拆得家裡人都煩他了。唯一不煩他的就是阿道夫。阿道夫有一塊錶，那時錶還很貴重，但是他同意小福特打開看看。福特抑制不住內心的喜悅，顫抖著用鑽孔器把錶撬開，阿道夫則熱情而詳細地為他介紹其內部的結構和原理。

直至後來，福特還都記得這兩個人：一個是讓他爬上火車的機車長，一個是讓他打開錶的阿道夫。

出於對鐘錶和火車頭的喜愛，福特開始瞞著家人，偷偷地順著鄉間小路溜到底特律鎮上，把鼻子緊緊貼在鐘錶店的玻璃窗上，看店裡的師傅拿小鉗子修理鐘錶，有時看得完全入了迷，以致忘了時間，到天快黑的時候才匆匆跑回家。

福特家族世代務農，可是亨利．福特對農活卻毫無興趣，田裡那枯燥繁重的農活令他生厭。看到農夫們跟在馬屁股後面扶著犁，他那不安分的腦袋就在想，如果有一種機器能代替人力，耕種得又快又好，那該多好啊！所以，應該說福特投身於機械事業，思想的火花最早閃現的應該是曳引機，而不是汽車。

但令福特沒想到的是，他無憂無慮的童年時光很快就過去了。一八七五年三月，母親瑪麗因為難產去世了，死時不到三十七歲。留下六個孩子和父親相依為命。

親愛的母親離開了人世，恐怕是福特一生中所經受的最大的創傷和打擊，幾十年後傷口都無法撫平。小福特面對現實，心裡很是悲痛，少年式的沉默呆滯在他臉上一覽無餘。福特家就好像是一台沒有了發條的鐘錶。福特也認為母親的去世，是對他極大的不公平。

就這樣，福特的童年也隨著母親的去世而結束了。但母親清潔、有序、忍耐、勇敢的優秀品質卻時刻影響著福特，他以此作為自己一生的座右銘。

最有影響的三件事

福特認為在他的一生中，有三件事對他的生活產生了巨大影響。

第一件，是一八七五年七月，威廉帶著福特趕車進城。還未到底特律，他們看到迎面過來一輛古怪的車子。直至後來福特還清晰記得那是一輛道路機，就彷彿是昨天才見到它一樣。

在福特所處的時代，蒸汽機早已不是稀奇物，但那時蒸汽機都是不能移動的，若要到另一處工作，就必須把它裝在馬車上運走。而福特看到的這一台，卻是自己能行走的蒸汽機，不需要馬拉。因此人們把這種能自行的車叫做「不用馬拉的車」，這就是最早的汽車的名字。

最初，人們想用這台機器來驅動脫穀機和鋸床，它的結構不過是裝在輪子上的一部便攜的機器和鍋爐，後面拖著個裝有水箱和煤的車子。福特看過好多這種用馬拉著跑的機器，但是這部機器卻有一根鏈條，它將機器和裝在馬車形狀構架上的後輪連結在一塊，鍋爐就置於馬車狀構架之上。機器安裝在鍋爐的上方，一個人站在鍋爐後方的踏板上鏟煤，控制節流閥以及把握方向。

這輛道路機是由巴特爾克里克的尼科爾斯謝頗德公司製造的，福特一眼就看出了這一點。道路機在路邊緩緩停了下來，並示意要他們先過。當威廉還沒有明白這一切時，福特就已經跳下了馬車，並站在機車旁邊跟那位機械師聊起來了。

那位機械師非常高興地向福特講起了整輛車的工作原理。他為福特演示了如何將鏈條從驅動輪卸下來，然後換上一根皮帶用以驅動其他的機械。

機械師還告訴福特，這輛道路機每分鐘轉速達到兩百轉，並且可以在機器繼續旋轉的時候把連接鏈條的齒輪掛空，以便將車子停住。這個特點已被現代的汽車技術所採用，儘管所表現的形式不同而已。它對於蒸汽機無關緊要，因為蒸汽機容易停機也容易發動，但對於汽油機就顯得特別重要。也就是這輛道路機帶領福特進入了汽車運輸世界。

自從福特十二歲看到這輛道路機時起，福特就一直對製造一輛能在道路上行駛的機器抱有極大的興趣。駕車進城裡時，福特的衣服裡總是塞滿了一大堆小玩意兒：螺帽、墊圈，還有機器的零碎部件。

第二件事，福特這年收到了一件禮物。那是底特律鐘錶店的師傅們跟他熟了，給他一塊停擺的表。儘管已經停擺，但福特照樣十分喜歡。

照例，這東西一到手，福特便立刻把它拆開，然後又把它拼裝如初。反覆拆裝幾次後，福特終於對鐘錶的構造了解得清清楚楚了。恰好，他的一個夥伴弗朗克心愛的懷錶壞了。弗朗克曾經憑著這塊懷錶，神氣得不得了，福特早就想把它拆開看看。

弗朗克知道福特也有塊錶，並且還自己拆裝過，他找到了福特說：「福特，你知道這錶為什麼停了嗎？」

福特拿過來後細心地打開手錶，小心翼翼地把裡面的零件，一件件依次序排放在白手帕上，然後再一個個仔細擦洗一遍。他目光炯炯地盯著零件看了好一會兒，找到原因後，很快就把它修好了。

從這天起，福特就開始幫鄰居修理壞的鐘錶。當時他最喜愛的工具就是他用母親的毛線針做的螺絲刀。這把螺絲刀，在他日後事業成功之後，仍然保存得很好。

由於福特修理鐘錶是分文不取的，所以村子裡的人們都非常喜歡他，他們的鐘錶一出故障就拿來找福特修理。可是父親威廉卻不希望自己的兒子將來是個鐘錶修理匠。他認為，種田人家的孩子，就應該專心於田間的工作。

所以，威廉每天叫福特到田裡幫忙幹農活，到了夜晚，又盯著福特，不允許他做修理鐘錶的工作。但是，福特對鐘錶的狂熱一點都沒有減退，晚上九點，他向父親道了晚安之後，就乖乖跑到床上去睡覺。等父親剛進入夢鄉時，他便偷偷地溜出家門，去村裡替人家修理鐘錶，直至凌晨三點才回到家。

後來，福特家新來的管家遵從威廉的指示，禁止他在樓下大廳幹私活，於是福特就逃到了自己的小屋裡，裝上一個小工作台在寒冷的深夜繼續工作，僅有一盞小油燈相伴，給他帶來光明和溫暖。

第三件事，是父親威廉到費城參觀了一個展覽。那是為慶祝美國獨立一百週年特地舉辦的博覽會，機械館是其中的一個重要部分。威廉對機械很感興趣，同時他也希望兒子在這上面多花點功夫，因為他有很多工具，很想能有個得力的助手幫他護理維修。

威廉的參觀旅途非常開心，費城西部的高山峻嶺、奇異風光，令他讚嘆不已，他也參觀了費城的許多歷史名勝古蹟，如美國獨立紀念館等。

他回來後還跟朋友們講到那個機械館中陳列著各式各樣的蒸汽機、機床、農具和內燃機：館中央裝了一台十二公尺高的蒸汽機，那汽缸的直徑有一公尺。除了這台大引擎外，還有由蒸汽機帶動的鑽床、車床、蒸汽整地機；館中還陳列有好幾種以瓦斯等氣體為燃料的馬達等。

很顯然，這時候的威廉已經認識到農場的生活方式正在發生種種變化。就在接下來的幾年裡，他還在和朋友們談論展會中的那些展品。福特在一旁聽著，父親的這些見聞讓他心醉神迷，心也跟著「怦怦」地跳。他覺得外面的世界太精彩了，預感到一個新的時代即將來臨。

福特被外面的變化所吸引，在鄉里越來越待不住了，希望早日投入到另一番天地中去。隨著年齡的增長，這種願望就更加強烈了。

告別農場走向城市

一八八〇年，福特十七歲了，父親的管教越來越嚴格了，甚至嚴禁他去玩機器。威廉總說福特一天到晚搞那些一文不值的機器，是自討苦吃，是愚笨到了極點。

他認為，福特已經十七歲了，應該設法自力更生了，種田人家的孩子去搞機器，是不會有出息的，甚至還說福特是偷懶。

事實上，福特並不懶惰，下田做事，比別人勤快多了，他並不怕工作，也不討厭工作。因此，福特對於父親所持的理由，並沒有完全理解。

「我一輩子就要這樣下去嗎？」這個問題，時時刻刻盤旋在福特的腦海裡。

他認識到，現在的種田人，都認為只要用全力來耕種就行了，機器能做的可以用牛馬來代替，牛馬可做的事，盡量由人來做，但這樣就太浪費人力了。同時，農業也將停頓不會進步。他認為，機器能做的，應該用機器，盡量節省勞力和時間，開發土地，改良耕種。否則，日子一天一天地過去，難以發展。福特的心被底特律市的許多機器所誘惑，越來越蠢蠢欲動了。他終於下定了決心，準備離開家到底特律去。

福特作了決定以後，便開始準備出走所需要的東西。他選了個適當的日子，一早就從床上爬起來，胳肢窩裡夾著包袱，這時，外邊是一片漆黑，家中靜寂無聲。福特放輕腳步，走過父親房間前面時，聽到裡面的鼾聲，知道父親睡得正熟。他從廚房裡拿了點麵包當作早餐。一切準備好後，他便跑了出去。

晨曦照著地平線上的雲彩，映出美麗的顏色。早晨的小鳥在天空中飛翔，或停在屋旁的大柳樹上，「吱吱」地唱著晨歌。

福特回過頭來看看，迪爾本正沉浸在早晨的陽光裡。可是，在他的心中，卻沒有一點兒戀戀不捨的感覺，因為他的心裡只有機器。

「福特這孩子就好像為機器而生的一樣。」他想起母親拍著自己的肩膀，帶著微笑所說的話。

一個十七歲的孩子，突然跑到市裡去，是否馬上能夠找到工作？關於這些問題，福特連想都沒有想。他只想找工作，不，也可以說，他很喜歡工作，但在他腦海裡，只是想製造出各種機器與工具，這是他最大的希望。

從迪爾本到底特律市有很長一段距離，可是懷抱著希望與夢想的福特認為，那僅是咫尺之隔。沒多久，他便到了底特律市。

雖說現在已經入秋了，但中午仍像夏天一樣熱。走了很長路的福特，已經是滿頭大汗。於是，他先擦乾乾，又用手帕把身上的灰塵撣掉，並且還把鞋子擦亮了。

從現在起，他要開始過新的生活了。街上盡是房屋，馬路上也全是馬車、腳踏車和兩匹馬拉著的貨運車，來來往往，川流不息。福特忽然在一塊招牌下站住了。他仰著頭盯著招牌上的字「底特律機器公司」發愣。他曾經聽說，這是一家生產蒸汽機的工廠。

福特認為，這是一家最適合他工作的工廠了，於是，他充滿自信，推開這家公司的大門。在屋內角落裡，有一個男士坐在那裡辦公，福特胸有成竹地走上前去跟他交談，毛遂自薦地說自己曾經修理過農具，工具的用法是知道的。還可以修理鐘錶，蒸汽機器的轉動也了解不少，還表示自己非常喜歡機器的工作。

男士見福特充滿了熱情，又懂機器，便決心留用他，剛開始工錢是每星期二點五美元。於是，工作就這樣決定了，福特滿心歡喜地跑到街上。現在，該解決住的問題了。

福特向報童買了一份早報，報上登著許多房屋招租的廣告，他就開始逐家去找。但一星期二點五美元的廉價房間，怎麼也找不到，即使有，但生性就很注重清潔的他，實在住不慣那些骯髒低級的地方。最後，皇天不負有心人，福特終於找到一間整潔的小房間，房租每星期三點五美元。

每個星期三點五美元的房租，就是把一個星期的工資全算上，還差一美元。這該怎麼辦才好呢？於是，福特馬上到鐘錶店去找工作，店長終於答應福特說晚上七點至十一點可以來修理鐘錶，每星期兩美元。就這樣，萬事都圓滿解決了。

而此時的威廉還是滿心希望福特能繼承家業，管理好上百畝的農田和牧場。對於福特的出走，似乎也不反對。威廉認為兒子要去也不過是一兩年的事，遲早他會厭煩外面的生活，腳踩在土地上，那比什麼都踏實。

威廉滿腦子都是愛爾蘭農民的傳統思想。但是福特想，要是母親在世一定會為自己的決定而高興，所以他總是將後來的成功歸功於母親的影響，而不願提及他這位對機械有幾分在行的父親。

福特很順利地進了這家工廠工作，但因為他工作很有效率，引起其他工友的嫉妒，所以僅待了六天便被擠走了。原來人家要花好幾小時才能修復的機器，他只需三十分鐘就修好了。

福特後來回憶說：「有一天，一部機器出了毛病。我一看就知道毛病出在哪裡。但當時有好幾個熟練技工在修理，我便客氣地站在旁邊看。他們修了很久仍沒有結果，我就說：『讓我試試看吧！』等我把它修好時，那些人卻很不友好地瞪著我。我只好在他們整我之前自動辭職。」

從此福特得到了一個教訓：無論什麼事，都不要把自己知道的全部表現出來，要留有餘地！

當父親威廉得知兒子辭職時，火速趕到了底特律，將兒子介紹到一位朋友開的黃銅工廠。福特作為見習生，每週也只能拿到二點五美元，這家工廠還規定每週必須工作六十小時，主要製造黃銅閥門，還有汽笛和鐘。

這家工廠同樣也有許多老工人。生於蘇格蘭的戴維在四歲時就來到美國，他比福特大八歲，是一位熟練的機械工人，他主要負責製造排水管。雖然兩人同在一家工廠，但他們兩人幾乎沒有交往。戴維也是一位天才的技師，在短短的時間內，就取得了好幾項獨占世界市場的黃銅排水管及汽缸的專利，福特跟他學了不少的技術。

在黃銅工廠實習了六個月之後，福特把能學到的都學到了，他決定換個新的地方，長些新的見識。那時，當地的年輕學徒進了廠就再也不願換別的工作了，在一個窄狹的工作範圍內一待就是幾年，這一來，他們的知識面就變得極其狹窄。

福特甘願以底薪比黃銅工廠更低的待遇轉到底特律乾塢公司，因為到這個公司，他能直接接觸到最感興趣的機械，那就是發動機。

一八八〇年八月，福特進入了底特律乾塢公司，即使週薪降至兩美元他也不在乎。這家公司是底特律最大的造船廠，公司沿著底特律河順延很長一段，擁有兩個大碼頭、一個機器廠、一個發動機廠、一個銅鐵製造廠和一個鍋爐廠，生產各式各樣的輪船、帆船、拖輪等，也為這些船製造發動機，功率從六百馬力至三千五百馬力不等。

很幸運的是福特被分配到了發動機廠工作，並很快得到上司的賞識，由學徒工提前轉為正式員工。

在這家船舶修理廠，福特還遇到過一位恩師富蘭克・科爾比。科爾比教他幹活的技巧，傳授他很多有益的經驗。福特認為科爾比對他熟悉機械操作幫助很大。一九一八年，他請科爾比來幫助建造第一次世界大戰中所用的雄鷹戰艦。

後來，當福特創立福特汽車公司的研究所時，指示在大樓前門刻上十多位著名科學家和發明家的名字，在伽利略、牛頓、愛迪生和其他一些大名鼎鼎的人物旁邊也加上科爾比的名字。由此可見，科比爾對福特的影響很深遠。

福特天性能吃苦耐勞，在船塢廠工作期間，也沒有放棄晚上修理鐘錶的工作。福特剛開始只是幫忙清洗鐘錶。有一天，他趁老闆不在，就為所欲為起來了，他試著開始修理顧客的鐘錶，店長回來看到後，先是嚇壞了，等他檢查完後又轉怒為喜，讓福特繼續接著幹。

就這樣，在造船廠一天十小時忙完後，還要去鐘錶店修理鐘錶，每週掙兩美元。福特覺得自己的生活過得充實、豐富多彩，畢竟從事自己喜歡的工作是一件幸福、開心的事！

兩三年之內，福特的生活就此安頓下來，成為一名底特律機械工。當鐘錶店店長把店鋪盤出去時，福特在造船廠的薪水已經漲到完全不必要再加夜班了。

週末，福特會上農場轉轉。工作之餘，他越來越多的時間花在研究機器上了。他開始閱讀《科學美國》雜誌等關於機械方面的書報，還認真研究了麥可．法拉第的《論蒸汽機》一書。

後來，福特在一篇雜誌的報導中讀到有關一種最近出現的無噪音汽油機，它裝有一個以汽油明火驅動的大號氣缸。

福特仔細關注這項技術的情況，特別是如何能將霧化汽油取代汽油明火的種種線索，於是動手擺弄了起來。他先是安裝了一台小型水壓渦輪機，把機器安裝在房間後面水房的水龍頭下，再把一台小車床接到渦輪機上，大多數夜晚就這樣開動機床，只有星期天例外，因為他不想打擾房東一家。

就這樣，福特心滿意足地藏身於一個機器製造的都市環境裡，似乎徹底實現了從農場小工到城市機工的轉變過程。

獨自摸索的年代

正當福特享受著底特律無拘無束生活的時候，他又不得不返回家鄉的農場。

一八八二年，福特離開了底特律乾塢廠，很不情願地回到了農場。這段時間他有時回鄉幫父親幹農活，有時也進城，以熟練工的資格到那些發動機廠找點事做，直至三十歲以前，福特都是這樣生活著。

但是，福特也不是無緣無故地放棄他喜歡的工作的，那是因為有一個與新機器打交道的機會。

「製材廠的約翰買了一台很貴重的引擎，但是因無法啟動而大傷腦筋，他想找你去幫忙呢！」福特聽完父親的話，馬上趕往村裡的製材廠。這是一台由威斯汀公司出產的移動輕便式蒸汽引擎。福特見了便發出由衷的讚嘆，這確實是一台很珍貴的引擎。

威斯汀公司隨車指派了一名示範操作的司機，但由於這位司機害怕高速運轉的機器，所以不能熟練地給他們做出示範。一向恃才傲物的福特也缺乏信心了。但他是一個自尊心很強的青年，雖然也很擔心，但決心試一下。

密西根州的煤都是從別的地方千里迢迢運來的，所以價錢很昂貴，也就沒有農戶使用燒煤的蒸汽引擎，對於這台移動式引擎，自然更沒有人見過，也就談不上使用了。

福特懷著忐忑不安的心情，好奇地看著說明書，並試著發動，很意外地，他竟毫不費力地啟動了。而這時福特感到自己職業生涯的部分時光，注定該花在開動並且維護這種機器上面了。

於是，這台機器的主人約翰便提出以日薪三美元的條件請福特來幫忙。這在迪爾本算是很高的待遇了，同時這項工作又很有趣，福特便欣然答應了。

他工作了整整八十三天，每天從一個農場到另一個農場，為自己和別人的糧食脫粒、搬運貨物、切玉米梗、磨飼料、鋸木頭，工作很辛苦。但福特極為喜愛這台機器，當他在鄉間起伏不平的道路上把機器從這頭搬到那頭時，心中感到從來沒有過的自豪。

福特在周圍農場為農場主約翰操作輕便蒸汽機的時候，認識了威斯汀公司的徹尼，他是公司駐迪爾本的地區經理，看到福特如此熟悉和熱愛機器，印象很是深刻，於是邀請福特為公司生產的機器做操作示範，也做修理工作。

從一八八三年至一八八五年，福特走遍了南密西根的各大農場，安裝維修威斯汀公司的機器，排除各種故障，同時還接觸了幾個公司生產的不同類型的機器，了解他們的設計性能，由此拓寬了知識。

冬天，農場都覆蓋上了厚厚的積雪，所有的農活便都無法幹了。福特正是看在這一點上，想利用這段農閒時間，在家中靜心地做一些新的研究。而對於移動式引擎的成功啟動和深入的認識，更強烈地激發了他研究和發明的慾望。

福特在底特律黃銅工廠的一位工友勞特斯回憶說：福特腦子裡總會不斷冒出各種方案，想做出一些什麼東西來，雖然方案很少實現。福特買過一套小蒸汽機的鑄件，卻從來沒有安裝起來。他也設法弄到了一個小鍍鋅鍋爐，而鍋爐也從來沒有生過火。

試造蒸汽鍋爐失敗，白白浪費了六美元。後來他又想製造可以連續走八天的手錶，但仍然失敗了。然後福特又說要造船，於是他們兩人合資出錢買了木板和材料，結果還是沒成功。

每個星期天福特一定會說「這次一定要成功」，但每次的結果都是失敗。

這是福特獨自摸索時代的趣事。後來，福特撿回了父親用了一天就棄掉的手推式割草機，想運用在約翰的製材廠學到的引擎知識把它改造成可用來進行農耕的牽引機。

福特把自己關在儲藏室中，開始了辛勤的探索。現在的福特已完全不同於先前將裝滿開水和煤炭的水壺放置在雪橇上而拉著到處跑的淘氣鬼了。他不斷地試製他設想的牽引機，一台、兩台乃至二三十台。試製過程十分辛苦。

這項工作經歷了整整兩年，在第二年冬去春來之際，福特終於完成了他設想的以木材為燃料的蒸汽引擎牽引機。福特自己認為，在迪爾本，由於煤炭價格昂貴，即使製造出一八七六年美國博覽會上所展出的考利斯蒸汽引擎之類的附有煤炭汽鍋的牽引機，對這裡的農民而言還是不會有所幫助，因為它不現實。因此，他才一心想發明出節約能源的牽引機。

那時，迪爾本村已經開始用油燈，但還沒有汽油。迪爾本村隔著伊利湖的東南岸，有個名叫克利夫蘭的小鎮。此時，石油大亨洛克斐勒正在克利夫蘭建造煉油工廠，為壟斷石油市場做準備。發明電燈泡的愛迪生在底特律建造了一個火力發電廠，同時進行各項研究。

另一方面，父親威廉目睹了兒子在農場使用機械非常的成功，又看到他還是一如既往地痴迷於機械，於是，就想盡最後的努力讓他永遠留到農場，他提出，要把自己購置的一百五十畝地一併交給福特，但條件是福特必須放棄當機械工人。

福特最終接受了，不是因為有想當農民的打算，而是因為有了土地就可以在農場施展自己的機械才華。

遇到共度一生的人

一八八五年的元旦，格林斐爾德村的馬汀德旅店舉行舞會，附近的居民聚集在一起歡度新年。這個地方在迪爾本到底特律去的路上，福特一家人這天晚上也來了。

福特和他的堂妹安妮共舞。可是在舞會上真正吸引他的是一位身材嬌小、活潑、長著一頭棕色長髮和一雙湛藍色大眼睛的克萊拉．珍妮．布隆特。

克萊拉是安妮的朋友，是附近綠野村一個農民的長女，年方十九歲。福特說她「不但美麗可愛，而且個性很強」。也就在這時候，福特認準，能和他共度一生的人，除了克萊拉再不會有第二人。

克萊拉倒不是這樣一見鍾情，直至他們第二次相會時，她對福特才有好印象。他們見面時，福特談的總是機械。後來克萊拉對父母說：「他跟我以前認識的男孩子不一樣，他們談的都是音樂欣賞之類的事，唯有福特很實際，他給我看一個錶，說那是他自己做的。」

原來，這是福特自己的一項新發明。它是一個四針手錶，錶中有一根長針和一根短針，是用來指示底特律地方時間的，另外兩根針則能顯示出當時已經開始實施的鐵路標準時間。追求克萊拉的小夥子很多，但她卻深深地為福特所吸引。為了能獲得克萊拉的好感，福特還另外做了一輛帶翅的綠色馬橇，經常邀請她一同出遊，並同時展開情書攻勢。

後來，福特常常邀克萊拉一起坐他的馬車，幫他去拉蒸汽機幹活。一路上福特總是大談他的機械，克萊拉從未膩煩過。

四年後，福特和克萊拉於一八八八年四月十一日在雙方親友的祝福聲中結為夫妻。那時，亨利．福特二十四歲，克萊拉．珍妮．布隆特也快滿二十歲了。婚禮是在克萊拉家中舉行的，公證人是一位底特律聖公會的牧師。

結婚當天，克萊拉穿著手工製作的禮服，福特穿著新做的藍色西裝。邀請函上有手繪的孔雀和小花束，非常別緻，上面撒滿了五彩繽紛的銀粉，許多親友都應邀參加了他們的婚禮。

婚後，福特和克萊拉暫時借住在父親搭蓋的圓木小屋中。福特的弟弟和妹妹們將小屋修整得非常乾淨漂亮，並在周圍栽上五顏六色的鮮花，小夫妻倆在這裡過著幸福的生活。

父親威廉給兒子的結婚禮物是一片八十畝的森林。這是他們家二十多年前買下，卻一直沒有開墾的土地。於是福特夫婦就開始砍伐木材，平整土地。木材一部分可以賣掉，一部分用來建房子。

一八八九年，他們用農場自產的木材，在森林的空地上蓋起了一座正方形的房子。這間新居完全由克萊拉設計，臥室、餐廳、起居間，一應俱全，此外還建了迴廊，這正是克萊拉嚮往的家。

他們給它取了一個好聽的名字，叫「四方莊園」。當然，福特是不會忘記在家後面建個工作場的，在裡面既可以修理農具，還可以做些試驗。

走進新居的廚房，這裡有福特親自設計的鍋灶，還有裝在水槽旁邊的吸筒，那吸筒有水管直達井中，所以用水時，不必到外面取水。克萊拉則是位料理家事的能手，她總是把廚房的食品和用具收拾得有條不紊，家裡家外也乾淨整潔。

但這時候的福特對種地還是提不起興趣，那八十畝林地，他只開墾出一小塊菜園，養了幾隻雞，他感興趣的仍然是機器。而恰好，當時的底特律正掀起一股建築的熱潮，木材的價格因此抬高了許多，兩人才得以攢了一些錢。

另外，附近城鎮經常有人來請福特幫忙修理農具和機器，福特因此而更加忙了。這時候的福特享受著雙重的生活：一隻腳踏在傳統農業的過去，另一隻腳邁向現代工業的未來。

有一次，福特在底特律見到了一種新的發動機。這回不是蒸汽的了，而是燒汽油的內燃機。福特感覺到這個世界變化真快，電燈、電話都已經相繼問世，美國的工業已經在大踏步地前進了。

鋼鐵產量逐年增加，鐵路一再延長，石油精煉技術日益發展，特別是內燃機的發明，已經不容置疑地展示了它在動力機械上的潛力。在這種時代背景下，福特無法安於他閉門造車做實驗或搞修理的生活了。

從底特律見到那個內燃機回來，福特立刻想到，這種小巧的機械完全可以應用在一種不用馬拉的自動車上。他對正在彈琴的克萊拉說：「我要把它造出來。」說完，就開始埋頭鑽研了起來。

「克萊拉！快拿紙來！」沒過多長時間，福特就叫喊起來。克萊拉當時正坐在客廳的風琴前，聽到福特的喊聲，本能地抓起樂譜，遞給了福特。樂譜背面是空白的，福特一拿到樂譜，立刻在上面潦草地畫出了一個引擎的簡圖。

克萊拉認真地看著紙片，發現上面畫著利用舊車床的整速輪和齒輪做成的長僅三公分的氣管，管中還裝有活塞。這是一個實驗用的簡單的機械設計。

「就是這個！克萊拉！這是我正在設計的汽車構造。」福特像個小孩似的興奮地大聲說。這是福特在汽車製造方面的一次「宣言」，對於在小屋中一心幫助丈夫、與丈夫同甘共苦的克萊拉而言，當然最能理解丈夫此刻的心情了。賢惠聰明的克萊拉非常清楚丈夫正在幹什麼。

就這樣，福特在迪爾本農莊小打小鬧地做了幾年的實驗，最終還是作出一個重大的決定。鄉村生活還是不能讓他靜下心來，又一直渴望做出自己理想中的不用馬拉的自動車，於是又試著在底特律找工作。他意識到想要把不用馬拉的自動車的機器造出來，光有電氣方面的知識還是不夠的。所以，當愛迪生照明公司要應徵一名工程師和機械師時，福特非常高興，他覺得這個職位非他莫屬。

而去底特律工作意味著他們要搬離迪爾本農場，福特不可能心掛兩頭，機械和克萊拉是他生命的兩極。他把這種想法對克萊拉一說，這次她更驚訝了。

克萊拉從未想到過，她今生今世要離開生她養她的家鄉土地和父老鄉親，要離開她親手建的「四方莊園」。她一直以為她這一生將在這片土地上度過，現在要去過一種完全陌生的生活，她真不知道前途是吉是凶，但出於對福特的無限信任和對他事業的支持，克萊拉同意到底特律去。

這年夏天，福特終日忙著農場的工作。等一切都有了頭緒後，就在秋天，他將農場管理的事情交給弟弟去辦，自己跟克萊拉到底特律去了。

在發電廠的日子裡

一八九一年九月，福特帶著妻子克萊拉離開了迪爾本農場，大車上滿載著所有家當，沿著密西根大道來到了底特律。

他們租了一間公寓，位於靠近市政廳的市區，周圍住的都是還算有些體面的勞動階層家庭，福特夫婦把家具和日常用品搬進屋裡住下，每月支付十美元房租。這是他們在底特律的第一個家，接下來幾年裡搬家十多次。

為了得到愛迪生照明公司工程師的職位，福特曾找到時任公司總經理的查爾斯詢問有關工作事宜。之後，查爾斯雇用福特來填補另一個人的空缺，此人剛死於位於伍德華德街和威里斯街路口的工作分站，福特就在與克萊拉來到底特律當天的半夜開始工作，並且在接下來的近十年中一直都為該公司工作。

愛迪生照明公司創立於一八八六年，屬於愛迪生個人所有。照明公司擁有一個三百馬力的火力發電廠和一個一百五十馬力的發電廠，這兩個發電廠負責供應底特律市一千兩百個住戶的家庭用電，由此可見當時底特律市的發展程度的確十分驚人。

雖然當時的電力還不能滿足全市二十萬住戶的用電要求，但隨著市區和街道的擴大，住宅區也延伸到西南方和北方的郊外，市內的繁華大街也裝上了路燈。沿著底特律河畔建立的工廠也在逐漸擴大，並且已經侵犯到鬧市的住宅區了。

剛開始工作時，福特上的是夜班，從晚上六點工作到第二天早晨六點，月薪四十五美元。伍德華德和威里斯工作站有三台發電機為附近的家庭送電，一台由一百馬力的倍克牌蒸汽機帶動，一台是三百馬力的賴斯發電機，還有一台是一百五十馬力的阿林頓和辛姆斯牌發電機，福特的工作是監督管理這幾台機器，確保它們正常運轉。

福特工作不到一個月，就因一次排除故障而得到了職業認可。那天晚上，公司的機器不知道哪裡出了故障，電發不出來了，底特律城一片黑暗。公司上上下下大傷腦筋，正在大家發愁之際，福特毛遂自薦。隨後，他檢查出故障的是那台倍克牌蒸汽機。

福特經過勘察發現問題嚴重：活塞桿斷了，氣缸體上有個洞，一個氣閥也損壞了。修理費很貴，修理起來也很費時。但是福特自認為對蒸汽機在行，就主動提出自己親自來修理，不出一星期他就用特有的辦法修好了機器，洞口補上了，活塞桿和氣閥也可以正常工作了。

上級主管目瞪口呆，查爾斯也立即給他提薪，每月加五美元，接下來的一個月又加了五美元。福特的名氣和薪水一起步步高升，也改上白班了，幾個月後就被調到了位於華盛頓大道和斯塔特街口的公司主站工作了。至一八九三年，這位三十歲的工程師儼然已成了愛迪生公司明星員工之一。

許多底特律的機械工對這位明星員工的出色技藝印象深刻。布希是一名機械工，在一八九〇年代和福特一起在愛迪生照明公司共事，福特一心想改進蒸汽機，這一點他記憶猶新：「他總是思索著怎樣把蒸汽機的什麼地方改得更好一點，覺得自己能使機器運轉得更好，少消耗一些蒸汽，讓一噸煤多產生一些動力。」

同樣，福特在弗里德的心裡也產生了不可磨滅的印象。弗里德是底特律的一名製造商，有一次工廠的一台機器壞了沒人能修，他想起他的朋友總是吹牛說愛迪生照明公司的福特有多麼的能幹，於是就請求朋友把這位工程師找來試試。

過了一會兒，消瘦結實的福特來了，他站在那裡有一兩分鐘，聽工人述說機器存在的問題，隨後繞著這台龐大的機器轉了兩圈，又在上面倒騰了一兩下，最後走近閥門打開了蒸汽，機器騰地動了起來。就這樣，別人無法排除的故障，在福特這裡總是能輕而易舉地解決。

雖然在底特律機器行裡人人都知道福特很有才幹，也很敬業，但是沒人覺得他有多少雄心壯志。事實正相反，愛迪生照明公司盛傳這個人工作風格閒散，而且還很喜歡惡作劇。

原來，因為在公司主站工作時，一個同事喜歡把工具和工作服扔得滿屋子都是，福特實在看不過去，就把他的鞋子用長釘牢牢釘在了地板上。還有一次，幾個工人在一間房子的地下室修理機器，突然感到一陣眩暈而喘不過氣來，於是趕緊跑了出來，看到福特和一位工友正把硫黃撒在裝滿煤炭的大鐵鍬上，鼓動風箱把又苦又辣的氣體送入房間。

更有趣的是，福特的一個哥們兒吉姆，那天收工後，在回家的路上，吉姆見到一個人正騎著自己新買的閃閃發亮的腳踏車揚長而去。於是，他大喊：「抓賊啊！」然後在後面追了上去，令他吃驚的是，盜賊居然哈哈大笑起來，笑得摔下了車，吉姆上前逮住了他，定睛一看，原來是福特。

福特還是難改小時候愛惡作劇的本性，這也給同事帶來了不少的歡樂。到了一八九三年，他因為技術高超已算得上是個解難高手了。工作並不緊張，日常任務是為公司維護發電機，在故障發生或偶發緊急情況時福特就會忙一陣子，沒問題時倒是十分清閒。

然而，福特把真正的興趣和精力花在另一個方面。雖然他既敬業又手巧，在愛迪生照明公司幹得不錯，但是他追求的是自己的強烈愛好，對底特律供電情況如何，其實並不感興趣。工餘時間在家或者上班沒事幹時，福特就思索著如何能夠做出一台內燃機來。

福特一直確信，如果能把這種發動機做出來，最終就肯定能裝在車輛上而實現自己的無馬大車的夢想。當然，早在迪爾本時他就折騰著想試一台自行驅動的農用曳引機，不過當時的主要思路還是想用蒸汽機，現在不同了，他正朝著另一方向展開自己的實驗思路。

特別值得一提的是，一八九〇年代早期腳踏車風靡全美國，這股狂潮把福特也捲了進去。他買了一輛腳踏車開始在底特律到處逛，而這種兩輪腳踏車似乎又使福特產生了交通工具的新思路，於是開始閱讀有關汽油發動機的各種文章了。

一八九三年，福特還參觀了在芝加哥舉辦的哥倫比亞博覽會，看到了一台德國生產的雙缸戴姆勒牌發動機安裝在一輛消防水車上，於是想到也許可以把這種發動機裝在腳踏車上，但發動機太重，這種想法行不通，儘管如此，福特還是播下了想像的種子。

在底特律，由於新的資料比較容易到手，因此福特總是非常愉快，也很享受在底特律的日子。

但為了能有一間條件較好的實驗室，福特經常從這棟公寓搬到那棟公寓，顯然，這絕對不是因為他缺乏穩定性。已經記不清到底搬了多少次家，最後終於定下來一棟兩戶相連的房子。他在房子後面的小屋裡設置了一個工廠，裡面放置了一些工具，利用週末、夜晚和上班空閒的時間，著手進行最終成為他一生伴侶的機械事業。

艱苦的創業時代

真正有意義的工作從來都不是輕鬆、容易的。你所承擔的責任越重，你的工作越難做。

——福特

第一輛車試製成功

如果說亨利．福特使汽車成為大眾化的交通工具，這話大概不錯，但汽車卻不是福特發明的。

世界上第一輛汽車是一八八六年由德國人戴姆勒和賓士完成的。戴姆勒和賓士是爭相向輕型自動三輪車挑戰的對手，後來，賓士取得了這項自動三輪車的專利。

賓士為了能使自己製作的自動三輪車在街道上行駛，想出了一個妙計。他先寫信給政府，接到信的官員應邀而來，而賓士則開著自動三輪車到車站去迎接這位官員的到來。剛開始載著這位官員在市區逛，後面突然來了一輛運送牛奶的馬車，這輛馬車帶著巨大的馬蹄聲，一下子就超過了賓士開的自動三輪車。

坐在自動三輪車上的縣政府的官員對賓士說：「真丟人，竟然比馬還要慢。這輛車沒法追上前面那輛馬車嗎？」

「要追當然可以了，只是……大人，我們縣不是制定了交通規則嗎？」

根據政府的交通規則，所有車輛的時速都不能超過六公里，這是發展汽車事業的一大障礙。

這時，官員在車上大叫道：「笨蛋！我就是交通規則，別管那個，給我快點跑就是了！」於是，賓士的自動三輪車輕而易舉地超過了前面的馬車。

很幸運的是福特趕上了時機，此時汽車在地球上誕生才五年，它還發育不全，福特來得及為它們助長。不過他得加緊，因為他的周圍還有一大群人呢！

一八九三年，麻薩諸塞州的杜里兄弟製造出美國第一輛汽車。這部由腳踏車零件組裝成的車被命名為「美國造汽油引擎車一號」。

一八九四年，海恩斯又在印第安納造出了汽油車。至一八九五年美國甚至可以組織一場汽車比賽了。杜里兄弟的車在六輛賽車中獲得冠軍。八十五公里，他們差不多跑了十個多小時，平均時速八公里。當然，這段時間，福特也沒有閒著。

就在杜里兄弟在芝加哥的車賽中出盡風頭時，福特也快完成他第一輛汽車的研製工作了。他並不為其他發明家的成功而著急緊張。他心裡有底，那些車離實際應用還遠得很，而他要造的是性能遠遠超過它們的車。

這時候的福特已經是愛迪生照明公司的工程師，月薪為一百美元。他的生活安定下來，時間也較充裕，特別是他已掌握了電器方面的知識，他有研究汽車的基本條件了。

但是龐大的試製費用已經使福特一家人必須節衣縮食。他租的實驗場地每月就花去七十五美元，住房花去二十五美元，買零件共花了兩百六十八美元。

工資根本不夠開支，而父親送的森林也早已砍光賣光，克萊拉每天最怕看帳本。福特不得不用分期付款的方式買材料，因此而債台高築。這時他就只有盡量找便宜的材料或利用工廠的廢舊物品做實驗。

內燃機中有一個零件叫「曲軸」，它是用來將活塞的往復直線運動變為繞軸而轉的旋轉運動。調整曲軸位置是笨重的飛輪，福特將一個舊的車床把手改成了飛輪，同時做汽缸的材料他也找到了。

這一天一個修理工到電燈公司來修理汽缸，因為聖誕節將近，這個修理工幹完活還想上街採購節日物品，但他隨身帶來的鋼管卻使他感到很不方便，想把它扔了。福特立刻向他要來，這正是他理想的汽缸材料。

而克萊拉在這一時期作出的貢獻對福特的事業幫助很大。她的確稱得上是福特的賢內助。

當初她為福特放棄了自己那樣熟悉、那樣熱愛的鄉村生活方式，義無反顧地隨福特來到擁擠嘈雜的底特律。現在為了能找一處既可搞實驗，房租又便宜的安身之所，他們已經搬了七次家了。實驗花費搞得他們生活非常拮据，克萊拉不得不拿出最大本領來才勉強維持家用，可她從不抱怨。

一八九三年十一月，當克萊拉開始陣痛時，福特立刻去請了附近診所的歐德涅爾大夫。這位只為工廠員工看病的窮醫生，是個性格直爽的人，福特沒有馬車，只好騎著腳踏車去請他。克萊拉生第一胎後，從此不能再懷孕。福特夫婦給自己的孩子取名埃茲爾・福特。

埃茲爾的出世給克萊拉帶來很多要做的事，而第二天就是聖誕節了，娘家人都會過來與他們團聚。克萊拉把孩子放在隔壁房間，自己在廚房準備著福特和她的晚飯，還得準備過節的食品。沒想到，福特這時抱著他的小引擎回家了。他當晚就要做實驗，看這東西轉還是不轉。

廚房裡，火雞的填料還沒有塞，斗裡裝滿了待做果子凍的漿果，餡餅也還沒有做好，嬰兒埃茲爾在一邊睡著。福特一進來，滿身汙垢和油泥，手裡拿看他的燃氣發動機。他把發動機放在克萊拉乾淨的洗菜池中。

「我需要你幫忙把汽油倒進發動機中。」福特解釋道。

克萊拉一言未發，立即接過福特遞過來的油壺。

「現在，這樣擰螺絲。」福特指導著，並轉動飛輪，克萊拉幫他滴汽油，那引擎時不時「啪啪」幾下。福特把油路和進氣口調整一下，重新滴油、轉動，終於，它發出了連續的、有節奏的排氣聲。

引擎活動了，那廚房的案板也隨著它在抖動，實驗終於成功了。克萊拉興奮之餘，首先想到的是別吵醒隔壁睡著的孩子。

小引擎的成功是第一步，它更堅定了福特要造汽車的信心。但真正的汽車所需的馬力要比這種引擎大得多，福特前面的路還很長。

但福特對自己的研究前景充滿了信心。不過，他再也無法漠視克萊拉所付出的一切。在電燈公司任職期間，他找到了一份晚上當講師的工作，每晚可以掙二十一點五美元。

但這並未耽誤他的研究，因為課到晚上九點結束，回家後就可以進行研究了。他把這件事告訴了克萊拉，妻子聽後心裡安穩多了。

於是，從埃茲爾生日的第二天開始，福特就去授課了。福特在兼任機械課程的教學工作。透過他的一名學生，福特結識了汽車發明家查里斯．金。

福特對引擎感興趣，最初的志向不是汽車，而是曳引機，他後來說過：

製造不用馬拉的車這種念頭，我最初認為並不實際，不如把引擎用在農業上。一台曳引機可以節省很多犁田的力氣。我想發明機器來代替馬，因為養馬太費事了。

只是由於環境的影響，福特把他的志向確定在汽車上了。

查里斯．金於一八九六年自己造了一輛汽車，但在試車之後，對它不甚滿意。當時法國造車水準高於各國，他決心赴法考察。臨行前他將自己的零件和圖紙送給了福特。

福特這時正在進行自己的研究。他是愛迪生照明公司的總工程師，對公司送電的安全問題負有責任，不能有絲毫懈怠。可是工餘時間，他又一頭扎進自己的實驗場，一幹就是大半夜。他的工作場所是公司裡一個堆放雜物的小房子。

一次，他不慎將硫酸滴到了煤堆裡，弄出一股臭味，引起公司一些人的不滿。於是只好在外面找了個地下室做實驗。

福特邀請愛迪生照明公司的同事比肖普、艾克、赫夫等四個人組成一個小組，共同研製一台四缸的發動機。

福特廢寢忘食地工作，使得同事們都納悶，不知道他什麼時候睡的覺。他自己不覺得疲倦，對感興趣的工作一幹起來就不想歇手。研究的進展也不斷地給他增添動力，再加上克萊拉的支持，所以福特總是精力充沛地工作著。但是公司的經理仍然認為實驗分散了福特的工作精力。

福特的車子在查里斯．金試車後的第三個月製造出來了。這輛車子大部分是用木材製成的。外形比查里斯．金的車要小，重量也減輕了一半。自始至終，福特造車信守一條，那就是要輕。只有輕才能發揮最大的效率，提高速度。

「就像胖子沒法比瘦子跑得快一樣，但很多車都以增加重量來增加速度，我真不知是誰想出來的，力量的源泉竟是重量。」在汽車初生的年代，福特這個看法很正確。

車子的重量減輕了，便能減少對車體的壓力和減輕引擎的負荷，車子可以走得更快，耗油更少，也更節省材料。

福特造的車確實輕，只要拆下馬達，兩人就可以把車體抬起來。這是一台雙缸四衝程發動機，缸徑六公分長，行程十五公分，功率為三至四馬力，點火系統由缸體上鑿洞安上點火器而成。

車廂是福特和艾克在自己家後面的工廠裡放在鋸木架上完工的，看上去像一個小型輕便馬車車廂。座位高高在上，座椅也是腳踏車用的坐包，這倒是個革新。你如果一本正經地裝上個座凳，反倒會給人以馬車的印象。發動機前有一隻飛輪和輸送帶。

這輛車的車廂前部裝有駕駛桿與前輪相連，再把發動機和車廂一股腦兒地安裝在四個七十公分的車輪上，車輪是輻條式的，輪胎是橡膠製的。傳動系統有三個擋位：每小時十六公里的低速擋和每小時三十公里的高速擋，再配上一個空擋，由一隻離合器推桿控制一條皮帶的鬆緊度進行三種擋位選擇。

車的動力就由這條皮帶由發動機傳給副軸，再由副軸通過一根鏈條帶動後輪轉動。發動機由搖轉飛輪發動，還有一個簡單的剎車裝置使車子能在空擋時停下來。這輛車總重量大約兩百三十公斤，裝有一隻容積三加侖的汽油箱，不能倒車，停車靠關掉馬達。

一八九六年六月四日，福特萬事俱備，只等試車了。在場的除了他真誠的妻子克萊拉，還有艾克。

當他們要將車子開出去時，這才發現，他們幾個月來犯了個極其愚蠢的錯誤：他們造車的場地原是放煤的房間，房門跟普通房門一般大小，可他們造的車卻比這門要寬，看來開不出去了。

要車子，還是要房子？要車子就要拆房子，要房子就得拆車子。福特當然是要車，就只好拆房子了。於是他操起一把斧頭把磚劈開，將門口擴大了一倍，兩人就這樣把車子推到了門外石子路面的巷子中。

外面下著雨，克萊拉趕緊跑進屋拿了把傘給他們遮雨。福特調整著汽油的流量，用車上的電瓶接通電流，用手指壓住氣閥的通氣口，轉動了飛輪，試了幾次後發動機「啪啪」地轉動了起來。

福特將離合器掛上低擋，車子運作起來，很快從小巷開到了街上，沿著大河街朝華盛頓大道行駛而去。艾克騎著腳踏車在前面開道，提醒路人注意。

試車是在凌晨兩點進行的，所以街上人不多。當車子在凱迪拉克旅館前拋錨時，才有一群人從旅館內跑出來看熱鬧。福特和艾克埋頭修車。這夥人嘲弄他們：「竟有人會把時間和金錢浪費在這個怪物上。」

福特根本不理會那些無知者的閒言碎語，他下車檢查後發現問題不大，有一個支撐點火器的彈簧失靈了。他很快就把故障排除了，於是車子又跑了起來。行駛了一小段路程後，兩人興致勃勃地把車開回了家。

這一晚福特太興奮了，回家只睡了一小會兒天就亮了。他美美地吃了一頓早飯，然後起身到愛迪生照明公司上班。

四輪車試驗成功後，福特要做的第一件事，就是得把小屋修好了再說。他雇了兩名磚瓦工來修理門洞，還回來看看幹得如何，這時房東來收房租，看到屋子破了個大洞非常生氣，福特連忙向他說明昨晚試驗無馬大車的事。

房東提出要看看車子，對車子的強烈興趣很快取代了怨氣，房東說：「要是把牆補起來，以後你還怎麼把車子推出門呀？我倒有個主意，叫那兩個磚瓦工不要補了，讓他們裝兩扇轉門吧！這樣車子進出就方便了。」於是美國第一個汽車庫就這樣誕生了。

說實話，福特的第一輛車子對他本人來說意義重大，它是成功的第一次。對這個世界來說意義卻不大，它跟別人發明的車沒多大不同。

第一次試車，福特看出它還不適合跑遠路，以後每試一次車便改進一點，終於，他認為可以開著它回趟老家了，這麼個新奇的東西足以讓鄉親們大開眼界了。

有一天，他帶上克萊拉和小埃茲爾坐上這輛不用馬拉的車回迪爾本。這車子怪模怪樣地在鄉間土路上顛來簸去，一路上驚得雞飛狗跳。

回到家裡，鄉親們並沒有表現出意想中的熱情。父親威廉盡量耐心地參觀車子，聽兒子的解說。等他明白是怎麼回事時，卻認為這種車子並沒有什麼實際意義，不足以取代馬車。他連上去坐一坐的興趣都沒有。

威廉教訓兒子說：「如果為了尋找刺激去坐這種車，不幸丟了性命，那就太不值得了。」

他並不為他的肯動腦筋的兒子感到驕傲。這一盆冷水潑惱了福特，他對著同來的人一聲令下：「回家！」

福特滿懷高興而去，掃興而返，路上還差點撞了人。

福特開著第一輛車衣錦還鄉，但萬萬沒想到父親和村裡人竟如此冷淡，盛怒之下拂袖而去。父親威廉上了年紀以後，愛爾蘭人特有的頑固個性更為突出了。

在福特回來之前，威廉就聽說當年因不喜歡農活兒而離家出走的福特，在當上了愛迪生照明公司發電廠的總工程師以後，仍然不改兒時本性，沉迷於內燃機的研究，不但把送給他的山林弄成了禿山，甚至讓克萊拉受連累。

那些到底特律去的人，在發電廠裡也找不到他。福特從未待在發電廠中，不是用他那試製車載同事出去了，就是在隔壁的實驗室裡搞內燃引擎。種種不好的傳聞使老威廉很不高興，難怪他和村裡人用冷淡的態度來對待開車返鄉的福特。

鄉下人對這輛車不感興趣，城市裡反應也不怎麼樣。這車子奇特的模樣常常使得迎面而來的馬受驚，它們狂躁不安使得車伕和路人大為驚恐，人們紛紛向市長反映情況。不過福特還算是幸運的，底特律市長梅柏瑞是位開明的愛爾蘭人，他沒有理會這些指責，反而頒給福特一張駕駛執照。

這大概是美國第一張政府頒發的汽車駕駛執照，要知道，那時候美國有很多地方法律對汽車行駛作了種種限制。

一八九九年，加利福尼亞某些城鎮法令規定，汽車必須在過路馬匹一百公尺外停車。舊金山、辛辛那提的法令規定市內車速不許超過十三公里。有些地方還規定汽車前面得有一人手執紅旗在車前引路，全國各大城市禁止汽車上大路，大路是為馬車準備的。福特有了執照，便可放心大膽地上街行駛了。

每當這輛車子在底特律招搖過市時，總有很多好奇的人騎腳踏車跟在後面跑，有時多達五十輛，甩也甩不掉。

會見發明家愛迪生

一八九六年八月，福特陪愛迪生照明公司總經理查爾斯和公司律師托馬斯到紐約市參加一個行業大會。大會是在曼哈頓海灘邊的東方旅館裡舉辦的。

這個維多利亞時期的豪華宮殿高樓鱗次櫛比，遊廊迂迴寬闊，精妙的娛樂設施美不勝收，吸引了各方來客，大會聚集了來自全美的愛迪生電力分公司的代表。

會上福特聆聽講座，與電力技術員和經理人員聊天，在海灘散步，參加各種招待會。

八月十二日，也就是會議召開後的第三個晚上，關鍵時刻終於到來。那天福特設法搞到了一張邀請函，參加在酒店私人宴會廳裡舉行的高層人員晚宴。到場的有美國電力工業的若干首腦人物，但最重要的人物是這次晚宴的主賓，坐在長桌頭的主位上。他不是別人，正是偉大的發明家托馬斯．愛迪生。

此時的愛迪生正是發明大顯神威的時期，他的名字在美國婦孺皆知。他於一八七七年發明了「會說話的機器」，也就是留聲機。一八七九年發明了白熾燈，還有多線路電報機、改進型電話機和打字機，用來對家庭、公司和工廠送電的中央發電系統的基礎設施，適合於工業用途的新型高效發電機以及其他各種專利產品。這些成就使愛迪生家喻戶曉，成了鍍金時代白手起家的天才人物。

而來自底特律的工程師福特則坐在桌子另一邊遠離主賓的地方。福特非常崇拜這位給聲音做記錄、給黑夜帶來光明的偉人。這些天在東方旅館閒逛或在大陽台小憩時，曾偷偷看過這位偉人幾眼。

在晚宴氣氛略微輕鬆的時候，大家開始談論起了為有軌電車蓄電池充電的問題。這時，查爾斯接上了一個有趣的話頭：「這裡有位年輕人已經做成了汽車了。」他對大家說，並向福特點頭示意。

有人問這位年輕的工程師是怎麼讓車子開動起來的，於是福特就開始談起他的汽油發動機來。愛迪生患有嚴重的聽力障礙，素來是有名的。福特按捺不住躍躍欲試的心情，光是讓他在舉世聞名的大發明家前解說內燃引擎就已經夠令他興奮的了，更何況是被允許坐在他的旁邊。

福特用近乎咆哮的聲音開始解說，在說明過程中，照理說應該在打瞌睡的愛迪生，卻抬起腦袋發問了：「點火裝置是爆發式的，還是接觸式的？」

這個問題正是關鍵所在。「我是試著用半接觸方式實驗的。本來是用活塞的移動來調整開關，但現在我正在考慮採用其他方式。」

「是四行程的吧？」愛迪生追問。

接著，一個個關鍵問題接連冒出，福特邊回答邊出冷汗，汗水浸透了內衣。愛迪生的問題似乎沒完沒了。突然，這位大發明家拍著桌子大聲說：「好的！福特先生！繼續這個實驗吧！」

之後，愛迪生又以堅決的口吻說：「電車不能遠離發電廠，因為蓄電池太重，安上去行不通。用蒸汽機也不行，因為後面要拖一個鍋爐和煤炭箱。你的車自給自足，有自己的發電源，不用生火，不用鍋爐，不用蒸汽，你的辦法行，幹下去吧！」

此情此景福特一輩子也忘不了。當時，還有許多同行對他汽油驅動的四輪車並不看好，硬說這是在浪費時間，因為他們覺得將來顯然還是要靠電來解決動力問題。然而，這位美國技術進步的神話人物卻如此鼓勵了福特。

「他在桌上砸的那一拳對我來說真是無價之寶。以前從來沒人鼓勵過我，」福特後來回憶道，「我一直希望自己是對的。有時我挺確定，有時其實又沒多少把握，然而，這一回全世界最偉大的發明天才從天而降，給了我充分的肯定。」

受到大發明家讚譽的福特滿懷欣喜地回到底特律，緊緊握住妻子的雙手說道：「克萊拉，此後的一年，恐怕能陪伴你的時間會越來越少了！」

克萊拉默默地望著丈夫的雙眸。她從福特的眼睛深處，讀出了一種絕不退縮的決心，正如當初捨棄迪爾本家鄉的房子時一般堅決。從紐約回來以後，福特完全變成了另外一個人。他剛把第一輛車停放在車庫裡，便立刻開始著手進行改進車型的開發，他計劃這次至少要造出十二輛汽車來。

成立底特律汽車公司

福特得到世界著名發明家愛迪生的支持，深受鼓舞。他決定再做一輛性能更優越的車子。他把第一輛車以兩百美元的價格賣掉了，得到的錢就用在新車的改造上。

新車是在原來車的基礎上改進的。但舊車要改的地方太多：車體尺寸太小，底盤和車輪要加固，滴灌汽油應改為汽化器，傳動裝置也需要改良。這一切都得福特自己動腦子，當時又沒有其他的車值得參考，即使本次的車也未見得比福特的第一輛車更先進。

於是面對大批量生產。他再一次求助於那些曾幫著一起做四輪車的機械師夥伴們。一八九七年至一八九八年間，吉姆、比肖普和艾克、赫夫繼續幫福特做各種機械活。

赫夫當時已顯示出電氣方面的天才，並且也很有創新精神，他離開了愛迪生照明公司，不斷地因個人興趣變化而換了一個又一個工作，但他始終是福特的忠實朋友，盡心盡力地幫助改進第二輛車的電氣系統。他設計出了永磁發電機，這一個非常關鍵的電氣部件，使福特的汽車在這方面優於其他競爭對手。

但是，所有的實驗研製都要花錢。愛迪生照明公司一年給他的工資是兩千美元，可是福特的生活仍然過得很拮据，省下的錢都投到實驗中去了。

實驗不但使得他們的家用拮据，而且他的機械夥伴們也只能不計報酬地為他工作。福特不願剝削他人，他對夥伴們說：「請各位把自己所做的工作記錄下來，以後我一定會好好酬謝你們的。」當然，福特後來加倍兌現了他自己的諾言。

新車整整耗費了福特三年的時間。福特對自己的工作非常挑剔，只要有一點不滿意就不厭其煩地拆掉重做。就這樣拆了做，做了拆，反反覆覆無數次之後，這種車子終於在一八九九年誕生了。

新車在大多數方面都有顯著飛躍，原先的箱式車廂、四個腳踏車輪胎勉強能塞進兩人的空間，換上了長型大車廂，線型流暢，升高了後輪，前輪比後輪小。

車上有一個寬大的軟座墊，兩人高高在上並坐綽綽有餘，前面有一台馬力更強、結構更複雜的發動機。還有一個玻璃外殼的蓄電池組和一個變速箱。車子仍然保留了桿式操縱系統，可是司機的右手邊的座位下增加了一個節流閥和一個點火控制器。

當時有一位名叫漢寧頓的工程師專程到底特律來調查美國汽車發展的最新趨勢，他對這輛福特車做過嚴密的考察後，說道：

福特造的車，發動機設計、冷卻箱、化油器和傳動系統都很出色，只不過變速器比較一般。他的汽車雖然沒有什麼特別新奇的地方，但是其優點在於完善了現有部件並安置得非常緊湊。使我印象深刻的是整車設計非常完整，各項性能都很出色。

福特先生的汽車簡潔、有力、實用。我相信對於一輛成功的汽車來說，這些都是至關重要的理想因素。如果生產這種汽車賣給公眾，可以與國內生產的任何一輛車相媲美。

福特已相當滿意了，他不想一輛接一輛地再做實驗了，他想依照這輛車成批生產，實現汽車成為大眾化交通工具的夢想，憑藉它產生社會效益和經濟效益。他想到了辦廠，不願像查里斯．金一樣，滿足於做一個汽車發明家和技術專家，他想做更大的事業，那就是開辦一家汽車公司。

也就在這個時候，梅柏瑞市長搭上了福特的新車，愉快地往綠意盎然的底特律郊外兜風。他返璞歸真，不顧自己的年歲，以童稚的口吻跟福特說組建個公司，並且要他當晚就去找麥克米倫先生說說看，這樣，兩人的想法不謀而合。

梅柏瑞市長說出這位富豪的名字，使福特聯想到他離開迪爾本家鄉，最初任職的底特律機器公司和造船廠就是麥克米倫家族所擁有的。據傳麥克米倫是市長有力的政治資源之一，是底特律的一位銀行家，也是連接底特律與芝加哥的大西部鐵路的開創者。

新車的試乘者，不光梅柏瑞市長一人，還有底特律一位叫馬菲的木材富商。馬菲非常同意也很支持福特組建公司造汽車。而福特心思十分細密，當初他專門請那些底特律富豪來試乘新車，就是想趁機找出資者，並且他們都是一拍即合。

一八九八年八月五日，底特律汽車公司成立，擁有十五萬美元的註冊資金，麥克米倫是最大出資人，也包括梅柏瑞市長和木材商馬菲，福特分文未出，卻擁有若干股，而且被聘為總工程師。底特律汽車公司的引擎工廠以三年為期的自由買入方式租借，只有機械、工具等幾種是買的。

福特擔任底特律汽車公司的總工程師，使得愛迪生照明公司的總經理查爾斯更加不滿。查爾斯認為，電動車才是大勢所趨，汽油車沒有前途。他向福特提了這樣一個條件：只要福特放棄汽油車的試驗，專心致力於「有用的工作」，他就提升福特為愛迪生照明公司的總監督。

福特對查爾斯的這種態度大為惱火，這讓他想起了年輕時父親對他試驗的輕蔑與藐視。於是在八月十五日，福特毅然決然地提出了辭職，離開了工作將近十年之久的愛迪生照明公司。

一九〇〇年一月十二日，底特律汽車公司的第一輛車終於問世了。股東們將這輛貨車送給當地的郵局運送郵件。與此同時，也邀請新聞記者來參觀。

記者們坐上車後，福特提著油桶往油箱內加油。一邊灌一邊得意地說：「這輛車只要燒一分錢的油就可以行駛三公里。現在它能走三十公里了。」

記者們對技術指標不是很懂，也不怎麼在意，他們注意的是安全：「它一開動就噴煙，會不會爆炸呢？」

「不會。」

「可是我們正坐在三加侖汽油上。」

「那也沒關係，這兒沒有火，況且我們是敞篷的。」

一位記者問：「這車是不是很難學啊？」

「沒什麼不好學的，就跟騎腳踏車一樣，幾天或許幾小時就會了。」

車子發動了。記者們更感驚奇：「沒點火柴怎麼也能使引擎發動呢？」

這道理似乎不是一下子能讓記者們明白的，福特不吭聲了。當時是冬季，外面又是風又是雪，但是汽車非常平穩地駛過凹凸不平的路，開到了平滑的柏油路上。福特囑咐大家：「請抓好扶手，這段路我要加速了。」

「速度有多快？」

「時速四十公里。」

記者害怕了，要求下車。福特沒有理睬他們。油門一直踩到底，那引擎發出均勻而又有力的聲音。

當車子路過賣馬具的店鋪時，福特得意地說道：「這一行很快就要關門了。」

試車成功，福特很懂得新聞媒介的重要性。第二天，《底特律論壇報》的頭版登出了試車的消息，並配發了照片，還介紹了設計它的工程師亨利．福特。

平時不擅演講、生性靦腆的福特，這次在新聞記者面前倒是超水準地發揮了一次。

論壇報報導的標題是：《在零度以下冰凍的馬路上，汽車跑得比馬還快》，記者把這事說得意義重大：

當歷史將要改變，新的時代即將來臨之際，我們可以聽見代表該時代的聲音。遠古時代，野獸的聲音支配了整個世界，後來才有人類的聲音、火的燃燒聲、石斧的敲擊聲，接著又是羅馬戰艦的划槳聲、海風鼓動船帆的聲音，稍後就是轟隆的槍炮聲。

近兩百年間，是由蒸汽的響亮的呼聲推動著文明向前進。現在，奔馳在底特律街上最新最好的交通工具的聲音正在告訴我們，新的文明已經來臨……

而福特自己也深信，購車者也會以同樣的熱情作出反應。但是車子在製造過程中錯誤百出。出現了向外預購的零件尺寸不合、送達日期延遲等問題。即使以上這些問題都克服了，但是製造過馬車的裝配工人老是粗心大意，福特對這種狀況相當不滿意。

更為重要的是，福特看到其他的股東一心只想賺錢，不顧品質，只要快上生產規模。而福特是不贊成不講信譽的短視行為的。當然福特的這種觀點無懈可擊，但他對其他投資者的不滿卻不太客觀。公司開辦一年多來，總共生產了二十輛車，卻虧損八萬五千美元，沒有哪個股東還有興趣這麼幹下去。

於是，在一九〇〇年的十一月，也就是底特律汽車公司開業一年多之後，福特辭職了，而公司也只能關門歇業了。不過一年之間公司總共生產了二十五輛汽車，在當時汽車公司中已是佼佼者了。

一個瘋狂的賽車手

福特花了五年的時間製造出他的第一輛車，又花了差不多又一個五年製造他的改進型車，但都沒能順利投入生產。

然而，在這段時間內，汽車已經變成觸手可及的東西了，人們也認為，汽車將與自己的未來生活密切相關了。

為了使汽車成為時髦的東西，有些貴族家庭在一八九九年夏天，舉辦了一個「汽車節」。他們把汽車裝扮得像鮮花一般，一掃人們對以往汽車的「怪物」印象。不久，羅斯福成為第一個乘汽車的總統。儘管汽車後面總是跟著一輛馬車，以防止汽車發生故障。

而這時候的美國，已經製造了四千輛汽車，其中四分之三是蒸汽車和電動車。這項技術的發展中心新英格蘭仍居於主導地位，但在成長著的汽油機的影響下，重心正在向中西部轉移。亞歷山大．溫頓在美國克利夫蘭製造車輛，並創造了最高的時速紀錄。

儘管這段時間汽車發展很快，福特還沒有找到一家合適的公司，但他沒有感到擔心，也沒有停下研究試驗的步伐，他朝著另一個方向發展了，他決定製造賽車，使自己成為家喻戶曉的人物，同時他也捲入了和其他人進行發明的比賽。

對於未來，福特並沒有明確的方向。賽車可能會使汽車界其他先鋒人物感到興奮，但這違反了福特講求實用的想法。他認為，把車子設計成賽車，並不是什麼不正當的用途，只是讓富人們多了一種玩具。但是，他自己也認為，賽車是證明車輛性能優劣的最佳途徑，廣告效應大，只要在跑道上取勝一次比賽，就能一舉成功。

於是，福特決定從賽車入手，在下一次比賽中，用自己的車擊敗所有的對手。

一九〇一年夏天，福特的賽車製造出來了。車體低而長，構造簡單、重量輕，發動機二十五馬力。他還特意請一位牙醫給火花塞鑲了個瓷套，沒想到以後所有的汽車都採用瓷火花塞了。

試車結果，他的車時速可達一百公里以上，完全可以與歐洲五十馬力以上的賽車一比高低。

簡單，是福特設計賽車的原則。簡單的車子更結實。他曾收到過他第一輛車買主的來信，告訴他那輛車還在用，現在芝加哥，跟那裡很多車比，唯有他這輛最簡單。

參加比賽的除了福特的賽車外，還有亞歷山大．溫頓和佛尼爾的賽車。溫頓的賽車有四十馬力。佛尼爾的賽車則有六十馬力，他是汽車行駛距離世界紀錄的保持者。

比賽那天，底特律像過節一樣熱鬧，成千上萬的人擠在馬路兩旁。平時隨處可見的馬匹這時都不讓上街。馬路上只有排成一隊的一百多輛汽車在行駛，競技場內雲集了八千多名觀眾。

比賽分三個項目進行。首先進行的是蒸汽汽車十公里賽，結果最好成績是每分鐘五公里。接著是電動汽車兩公里賽，這種車用蓄電池驅動，噪音小，乾淨，但速度卻太慢，每分鐘只走五百公尺；最後一個項目就是汽油車二十公里賽。

本來參加汽油車比賽的有三輛車，但是臨賽前，佛尼爾的賽車忽然發生故障，只得宣布退出比賽，只剩下溫頓和福特的賽車。溫頓參加過好幾次比賽，經驗豐富，他本人又是汽車發明家、製造商，是美國汽車界的名人。

溫頓一出場就開著那輛四十馬力的車子，繞場三周，給汽車熱身。那派頭倒像是凱旋後向觀眾致意，把福特給鎮住了。福特也擔起心來，不為別的，就為駕駛，他想起自己從未做過轉彎練習，真怕自己在彎道上出事故。

溫頓和福特的兩輛賽車並排停在起跑線上。槍聲一響，兩輛賽車雙雙衝出起跑線。開始時，溫頓的車速很快，車的性能也很好，溫頓具有豐富的國際比賽經驗，他很快地將福特拋出老遠。經驗豐富的溫頓在拐彎時方向盤操縱得十分巧妙，毫不費力地拐過幾個近直角的彎道。

而福特總是在轉彎時小心翼翼減低速度，一到直線才敢加速。這樣一緊一慢，溫頓早超出他一大段路了。觀眾都站在福特這輛代表底特律的車子這邊，一看到他在直線上踩油門便為他鼓掌歡呼。福特的助手赫夫這時也摸出了經驗，一到轉彎時，便勇敢地跳下車子，把偏離跑道的車子往回拉，他們的配合漸漸默契起來。

就在這時，溫頓的車子不知出了什麼毛病，車先是冒出淡淡的藍煙，然後漸漸擴大成一團黑霧，溫頓不得不減速行駛。這已經是第六圈了，福特輕而易舉地超過了溫頓，並一直保持到終點。成績是十三分二十三點八秒。

當福特從汽車中爬出來時，從頭到腳都是油，現場報導的記者說：「連他的領帶也像在豬油裡煎過。」觀眾席沸騰了。就連底特律最循規蹈矩的淑女們也跳上了自己的座位，最文質彬彬的紳士們也把他們價值不菲的帽子拋向了天空。

當然，克萊拉是觀眾中最開心的一個了，她聽到場上有人喊：「如果我有錢，一定會押五十美元在福特車上。」

接下來的時間，底特律市民把他當英雄看待，但並不認為他是因為溫頓的車子發生了故障才僥倖獲勝的。

車賽收到了預期的效果，人們對福特的汽車刮目相看。那個已散夥的底特律汽車公司原先的幾個股東重新對製造汽車產生了希望，他們找福特商量，成立一個新的公司，取名為「亨利．福特汽車公司」，並再度聘請福特為總工程師。

公司資本總共六千股，十美元一股。福特以他的設計圖紙和技術折合一千股，其他還有以馬菲為首的五位股東，每人投一萬美元。

可是公司成立不久，股東們與福特的矛盾再度出現。經營部門考慮的是盡快出效益，他們只想與顧客簽訂生產利潤較高的小車訂單，而福特想的是如何使他的設計日臻完善。他考慮的是技術，而且他也不同意為了賺錢就連質次價高的車子也賣出去。

由於與其他合夥人意見不一，福特便置公司的經營方針於不顧，又開始獨自一人閉門造車，這時他正在集中精力造一輛更優秀的賽車。

福特的這種做法引起股東們的不滿。因為有底特律汽車公司的經驗教訓，馬菲他們便想了個主意，決定把一位美國有名的老工程師亨利．利萊請來，作為公司的顧問，利萊也有權過問福特的工作。

利萊是接受過正規教育的人，他一絲不苟，能製造出公差為萬分之一英吋的精度機器零件。所以，他要求人們做事都要有一定的規矩，然而福特是在實踐中自學成才的，做事並無定規，怎麼做都行，做不好重來。這兩種處事方式是永遠無法統一到一起的。福特不習慣聽命於那套嚴密而又繁雜的指揮，但是全體股東都支持利萊，因此，沒多久福特就辭職了。

就這樣，福特兩度辦公司都失敗了，但是福特造車的初衷不改。他不覺得是失敗，他認為這是積累，是成功前的準備。

在福特和馬菲他們分手前，他結識了一位名叫哈羅德．維爾斯的工程師。年輕英俊的維爾斯很合福特的脾性，是個汽車機械內行。他跟福特一樣，特別重視實踐經驗，工作起來能忘掉一切。

而恰在這時，有一位經營腳踏車致富的賽車愛好者湯姆找上了福特，他想要一輛好賽車。由他出錢，福特負責製造。福特把維爾斯請來一起幹。他們從春天幹到秋天，常常是一幹就是沒日沒夜。

到了九月，福特他們終於把賽車製造出來了。四汽缸的新賽車是以八十馬力為目標的。車子的機械、引擎、油箱都露在外面，車身全長三公尺，引擎回轉速度每分鐘一千五百轉，而且只有一個座位，樣子很怪異。福特以當時美國最有名的快速火車的名字，把新賽車命名為「九九九」。

十月份，底特律又有賽事了，比賽全程是十公里。這天，參加比賽的一共有四輛車，溫頓開著他的賽車再度參戰。

福特也親自駕著「九九九」迎戰，面對著看熱鬧的群眾繞比賽場跑道一圈。這輛像怪物的「九九九」，不但跑起來會發出恐怖的聲響，而且才只繞了那麼一圈，福特坐在駕駛位置上，已經是滿身油汙，白色襯衫早已經是一片汙穢。

比賽開始時，福特駕駛的「九九九」一馬當先，火花四迸，像個火球似的疾駛而去。

福特面色鐵青，心中燃燒著火焰。而這時，倒楣的溫頓汽車又出故障了，中途只好退出比賽。

「九九九」一路領先，始終保持第一的成績，到終點時，第二名竟落後它有一公里。福特一臉灰塵和油汙從車中爬出來，看到他的成績是以五分二十八秒跑完十公里全程，平均每兩公里一分鐘，創全國紀錄。歡呼的人群一再把福特拋向空中。

比賽又一次獲得勝利，福特感到無比興奮，但他始終保持冷靜，知道賽車並不是自己的追求，他心中所想的問題是建立汽車工廠。所以，當「九九九」在報紙上鬧得轟轟烈烈的時候，他已經把「九九九」賣給了湯姆，並開始著手計劃著如何籌劃汽車公司了。

正在這個時候，一個叫馬克摩遜的煤礦商人出現了。福特和馬克摩遜早在愛迪生照明公司就已經相識，福特平時負責為公司的鍋爐廠採購煤炭，每兩三個星期就要到馬克摩遜的煤場檢查煤炭品質。一九〇二年他們又重新認識了，而且準備開始幹一番大事業。

成立福特汽車公司

多數人選中底特律發展汽車工業並不是偶然的。因為在這裡，地下埋藏著大量的煤、鐵、銅等資源，便利的交通條件，為它提供了發展工業的優越自然條件。而底特律盛產木材，導致馬車和腳踏車業在這裡的繁榮。

汽車行業剛一嶄露頭角，馬車和腳踏車就逐漸衰亡了，這時，大批的馬車和腳踏車製造商便改行製造汽車，著名的溫頓、道奇兄弟等人就屬這批人。他們有豐富的工廠管理經驗，而底特律的船舶製造業早已經為它準備了一批技術嫻熟的工人。

十九世紀末二十世紀初，歐美國家工人罷工此起彼伏，而底特律則相對平穩些，因為此地的企業主能夠團結一致，有組織地對付工人運動，所以新興的汽車工業選中在這裡發展就是順理成章的事情了。

二十世紀初，即使在歐美國家，汽車也是有錢人的消遣品。在美國，進口車都在一萬美元以上，國產車最低也要五千美元。一些精明的企業家看好這一行，紛紛投資汽車工業。

至一九一〇年，全美有將近三百家汽車製造公司。每天有新公司開張，但也有公司倒閉。

福特有過兩次辦汽車公司的經驗，他感到，公司若要在殘酷的市場競爭中生存下來，就必須使其產品能賣得出去。如果汽車始終只為有錢人所有，其市場必受限制。

這時候，福特心中已有了再辦公司的指導方針：為大眾生產便宜而又容易駕駛的汽車，使其成為能普及城鄉的新型實用交通工具。而當時已經有幾家公司生產出了價格在一千美元以內的車子，福特則將自己的目標定為五百美元。

一九〇二年夏天，福特和馬克摩遜的想法一拍即合，他們共同商談創建一個新的公司，那就是福特汽車公司。

福特以他的專利、設備、圖紙投資。公司則以他設計的賽車為藍本，製造出一種新型的便捷小汽車。馬克摩遜出資兩萬五千美元。兩人商定，公司總資本十萬美元，他們兩人各占公司百分之二十五的股權，不足部分則進行招股。馬克摩遜為公司司庫，福特任副總裁兼總經理，年薪三千美元。

馬克摩遜將他原有公司的一名經理詹姆斯．庫森斯調來協助工作，任祕書兼銷售經理，年薪兩千五百美元。為了照顧庫森斯的個人利益，特意分了百分之二點五的股權給他。

福特也將他造賽車的合作者哈羅德．維爾斯拉進來，但他沒有股權，福特只在口頭上作了承諾，今後的盈利都按自己收益的百分之十分紅給維爾斯。就這樣，福特公司三駕馬車的領導體制就建立起來了。

庫森斯曾在馬克摩遜的煤礦公司當過出納，他身材矮胖，表情嚴肅，性情暴躁易怒，精明能幹，意志堅強，後來曾競選市長和國會議員，他對福特公司作出了很大的貢獻。而維爾斯則是位有藝術家氣質的機械師，他頭腦機靈，踏實勤奮，對機械有著敏銳的嗅覺。

經股東商定，公司的經營管理由庫森斯和福特負責，生產技術由維爾斯和福特負責。公司的商標是維爾斯設計的，他用手寫體將福特的名字書寫在車身上。許多人都以為這幾個字出自福特的手筆，其實它是維爾斯利用打字機上選中的幾個兒童字體拼寫而成的。

起初，福特公司的工廠設在梅克街一座舊廠房內。這是一位股東充作資金入股的，福特將它改建為二層的建築。對這家剛建立的小廠來說，已經是夠寬敞的了。他們所有的設備總共才十多部，工人不到十名。梅克街的廠房成了福特公司的第一家工廠。

這一次，福特與他的合作者配合是十分默契的，福特認識到必須充分尊重庫森斯的經營之道。在銷售這方面，庫森斯堪稱是福特的老師，而維爾斯則是福特在機械工程方面的好助手。

福特將新車確定為普通老百姓實用的交通工具，因此，車體應該能坐下一家人。為便於駕駛，結構必須簡單，重量要盡可能輕。按照這個原則，福特試製了幾輛樣車，透過改進，成了最早的福特產品，那就是福特A型車。

早先的汽車，引擎都是平放於車上。福特和維爾斯決定做一下改革，將汽缸垂直放。這樣減少了摩擦與震動，引擎的動力也加強了。這是一個重大的技術進步，此後，這項技術被普遍應用，福特也將它用在福特A型車上。

A型車結實堅固而車體很輕。它採用兩個汽缸的引擎，最高時速可達五十公里，煙塵、噪音都很小，行走時車體平穩。這種車在當時的市場上確實是一流的。

A型車雖然很實用，但其價格卻難以降至福特原先設想的五百美元。初步算一下，它的成本已經超過了六百美元。福特汽車公司的車身和坐墊是由一家馬車公司製造的，機械零件則由道奇兄弟公司製造。道奇公司第一批為福特公司提供六百五十套A型車的零件，每套兩百五十美元，這樣，福特公司共要支付十六點二十五萬美元給道奇公司。

而這時馬克摩遜恰好現金周轉不過來，公司各項費用捉襟見肘。福特公司面臨倒閉的危險。正當福特為如何改進生產技術、降低成本而傷腦筋時，庫森斯警告說：「現在不是談改進技術的時候，最重要的是要把車子賣掉，否則就只有關門。」

就這樣，大家按照庫森斯的意見，分兩頭為生存而努力。

一頭是全體出動，到處籌措資金。當時由於倒閉的汽車公司太多，甚至有捲了股金逃走的事例發生，所以人們選擇汽車製造這一行投資十分謹慎。

福特去找愛迪生照明公司底特律分公司，公司回答他：「我們別的事情都顧不過來，根本沒有餘力搞這些。」庫森斯也一樣，他除了拿出自己的積蓄外，僅僅從親戚那裡借到兩百美元。馬克摩遜還稍微好點，他有煤礦公司作擔保，畢竟有一定的信譽，拉來了幾個股東。

在馬克摩遜拉來的股東中，銀行家格雷出資一萬美元，占有一百零五股，算是大戶；道奇兄弟每人五十股；庫森斯二十五股；公司會計十股，其他好多人也入了股。

此時，創始人福特和馬克摩遜各擁有兩百五十股，兩人加在一起便控制了公司百分之五十的股權。這一次他們一共籌到五萬美元，這不過是維持公司生產的最低條件。公司勵精圖治，終於度過了難關。

另一頭就是發售A型車。那時的汽車製造廠實際上是個汽車組裝廠。庫森斯早已精密地計算出A型車的成本：購主機兩百五十美元，其他零件一百三十四美元，工資成本二十美元，銷售費用一百五十美元，總計五百五十四美元。在此基礎上，可以確定車子售價七百五十美元。除去損耗，每輛車可以淨賺一百九十六美元。如果顧客有特別要求，還可多賺點。

一九〇三年七月十五日，福特汽車公司終於賣出了首輛A型車。芝加哥的一位牙醫寄來了八百五十美元的支票，使公司實現了第一筆收益，大壩終於開了個小缺口。接下來的幾星期裡，訂單和款項先是涓涓而淌，然後是滾滾而流，公司的資金庫越灌越滿，至八月底，資金結餘回升到約兩萬三千美元，新企業終於緩過氣來了。

接下來，庫森斯也毫不鬆懈，他邁出了關鍵的一步。他為新生的福特汽車構築了一個銷售網路。他參加全美各大城市的汽車展銷會，為尋求銷售代理商光顧各個攤位，出席各種會談，在很短的時間內就在各大都市建立了銷售代理關係。至一九〇五年秋，庫森斯已與四百五十個經銷商簽訂了福特汽車銷售協議。

庫森斯親自挑選經銷商和推銷員，尋找志同道合者，還以革新者的姿態建立公司的銷售隊伍，他不在要害地區安置獨立代理人，而是派遣領取工資的推銷員，並設有一套獎勵制度來激勵努力推銷的人。這充分顯示出庫森斯的銷售天賦。

有一天，西海岸來了一個人到彼開特大道廠區，想訂購一輛車以成為福特公司的銷售商。庫森斯問他所在的城市人口有多少，得到回答後說：「你的城市那麼大，應該訂購一百輛車才對呀！」就這樣，庫森斯說服了那人足足訂了一百輛車，連預付款都一併收齊了。

就這樣，在公司成立初期，大家都使出渾身解數，投入到公司的建設中，雖然很忙，但是這段時期是福特他們感到最快樂的時光。

在大家的共同努力下，公司業務大增，人員增加到三百人，平均每天生產二十五輛汽車。福特汽車廠成為底特律最忙的一家工廠。原有的廠房顯得狹小了，於是股東們召開了一次特別會議，決定在市區的北部再蓋個新廠。

一九〇五年新的廠房建成，公司的門口掛了塊牌子「著名的福特汽車之家」。這塊牌子現在還在。

這期間，福特在公司掙扎成立的過程中起了決定性作用。在汽車工廠裡，不論是在鬧哄哄的A型車裝配工廠還是新車設計現場，福特幾乎隨叫隨到。

在A型車生產期間，工人們每天都能看到和藹安詳和精力充沛的福特出現在工廠的各個場所，他很隨便地穿著工裝和大夥兒混在一起，既出力也鼓勵士氣。他走進裝配組的工人中，友好地鼓勵工人們，向他們問問題，查看工作進度，有時也會挽起袖子一起幹。

福特汽車公司的早期雇員都很崇敬老闆，因為他平易近人，對機械有一種發自內心的熱愛。有位工人回憶道：「如果有一件髒活需要幹，而他當時又穿著一條好褲子時，那麼他會毫不猶豫地幹起來。」

最早在公司幹活的一位員工也說道：「當時我們都把福特先生看作是了不起的教父或者說是救星，我們隨時都能進入他的辦公室，因為他的門總是向我們開著，我們發現他對機械十分了解。」

然而，這個早期企業與當時的同類公司一樣，有時難免出現因矛盾激化而爭吵的情況，這時福特就扮演一個息事寧人的角色。他的性情平和樂觀，大家公認他是個不露聲色、公正誠實的人物，一旦發生衝突就會站出來調停。

有一次，庫森斯和另一位股東因財務問題而爭吵不休，還把其他人也拉了進來，不久就爆發了一場翻天覆地的唇舌之戰。在這個關鍵時候，福特站了出來，抓住庫森斯的手臂說：「算了算了，別吵了，安靜下來吧！」

福特這種息事寧人的影響力，由於他在公司生產方面的絕對權威而得以加強，在工廠裡幹活的工程設計師和裝配工人都知道在這裡是福特說了算。

一位負責產品開發的骨幹工程師說：「福特先生在實驗室裡什麼都管，不論是木板上的圖紙還是工廠裡的其他什麼東西都一樣。他親自監督零件加工過程，總是把他的設計想法一點點地對設計師解釋明白，我相信這些都是他自己想出來的。」

在福特的努力下，技術、銷售、廣告三頭並進，終於使公司走上了正軌，並且迅速發展。而公司的三駕馬車確是一個理想的團隊，庫森斯極其注重銷售，他是公司的業務經理，為公司建起了強大的銷售網路，它們是福特公司的生命線。

受侵權指控後勝訴

正當福特汽車公司進入快速發展時期時，福特卻被指控侵犯紐約夏爾登汽油發動機的專利權。

夏爾登是美國一位法律專家，他在一八七六年製作了把汽油引擎裝在汽車上的設計圖。過去汽油引擎其本身重量一千公斤，只能產生一匹馬力，這種效能比是不可能造出汽車來的。這時候，他還設計了一種發動機，重量為過去的十分之一。

雖然夏爾登的試驗並不十分成功，但符合美國專利申請要求，因此他擁有這項專利，其他人不經夏爾登的同意便沒有製造和販賣汽油引擎汽車的權利。後來紐約一家電動汽車公司購買了這項專利，這家電動車公司自身業務不好，便在這項專利權上動起了歪腦筋，以換取專利使用費。

電動車公司曾在一九〇〇年首告溫頓侵權，結果溫頓公司敗訴。接著他們又一家家地找上其他汽車公司，要求與他們簽約，由對方付給他們專利使用費。像凱迪拉克等大公司因看到了溫頓與他們打官司的結果，便承認了這項專利，同意支付使用費。

不久，所有簽約的公司與電動車公司及夏爾登本人商量成立了名為「公認汽車製造商聯盟」的組織。聯盟的成員每年須向組織繳納其營業額百分之一的會員費。福特在跟查里斯．金合作製造汽車時也曾聽說過這個組織。

「公認汽車製造商聯盟」曾勸福特公司也交費加入聯盟。福特對這種技術壟斷非常反感，他認為：「凡是對社會有益的發明就不應被少數人獨占，應該公之於世，這樣才能造福廣大的群眾。」

另一個原因是，早在福特造A型車之前十多年，汽油車就問世了，美國造汽油車的人數以百計，自己從未看過夏爾登的設計圖，也不曾聽說過夏爾登造出的汽車，根本不存在侵權一說。原本是自由發展的汽車工業為什麼要失去自由呢？福特汽車公司決心不理會「公認汽車製造商聯盟」。

但是，福特還是應邀參加了一次聯盟召集的會議。會上聯盟的發言人，大談加入聯盟的好處。庫森斯打斷他的話說：「讓夏爾登拿著他的專利見鬼去吧！」

聯盟的負責人一下站起來，宣布要控告福特公司，他發誓說他們將竭力擠垮福特汽車公司的生意。福特在場忍無可忍，從座位上跳起來，對著那人說：「好！那你們就試試看吧！」說完，就和庫森斯大步走出了會場。

聯盟的人回去後首先是在報紙上登了一幅廣告：「購買不加盟的不法公司生產的汽車將被指控侵犯專利權。」企圖以此破壞福特汽車公司的市場。

福特汽車公司隨即作出反應：「各位客戶，福特汽車公司就是汽油汽車的首創者，我們曾經製造了著名的『九九九』賽車……夏爾登的專利不是新發明，而且也從未實際應用在汽車上。『公認汽車製造商聯盟』只是少數幾家公司擅自組成的。如果聯盟控告各位，福特公司願意負起任何責任。」

同時，福特採納了律師的建議：在每輛出售的新車上貼一張證券，以此保證將來打官司也絕不影響客戶。

雙方的宣傳戰持續一段時間後，夏爾登和聯盟在這年十月向紐約地方法院控告福特汽車公司侵權。這場官司一打就是八年，雙方提出的文件多達一萬五千頁之多。

福特汽車公司為了壯大自己的聲勢，也邀集了三十多家公司組成「美國汽車製造商同盟」。其宗旨是為了維護美國汽車工業的自由發展。

案子開庭審理後的第四年，根據被告方的要求，法庭主持實驗，按照夏爾登設計圖製造汽車，造了三輛，結果均告失敗。最好的一輛也只能跑一百公尺，而且中途還停頓兩次。實驗證明，夏爾登的設計根本不適於實際應用。

福特這時還非常聰明地另外造了一輛汽車，是按照比夏爾登還早的法國雷諾設計的圖紙製造的。公司將這輛車交法庭對比實驗。此車雖只有一馬力，但卻能以時速十六公里的速度跑一小時。

法庭辯論時，福特公司的律師表現極佳，他的辯護詞鮮明有力，深擊夏爾登的要害。從各方面情況看，福特汽車公司似乎勝券在握。但始料不及的是，宣告判決結果卻是福特汽車公司敗訴。福特認為是法官太無專業知識。

「公認汽車製造商聯盟」對此非常興奮。他們將擴大戰果，向所有非成員的汽車公司收取專利使用費。福特召集的「美國汽車製造商同盟」成員也紛紛離去，不久就自行解散了，而聯盟卻日益壯大。

福特嚥不下這口氣，這時他決心即使弄得一敗塗地，也要將官司打下去，這不僅僅是維護他個人名譽問題，更重要的是將來汽車工業每發展一步，都會受到類似專利的限制。此時，支持福特汽車的不到十二家公司。

針對福特的強硬態度，聯盟以嘲諷的口吻，搬出了美國憲法，說：「遵守法官裁定的專利權，是國民應盡的義務。」

福特的汽車照製不誤，他不相信一審判決，決心上訴到高等法院，甚至最高法院，他相信真理在自己這邊。誠然，福特的努力沒有白費。

一九一一年一月，高等法院同意福特的上訴，裁決夏爾登的專利權只適於按照他的圖紙製造的汽車，而不適應於不同於他的圖紙的汽車。

福特打贏了官司，想不到竟贏得了敵友雙方的熱烈慶賀。夏爾登這個人很有君子之風，當月，聯盟在紐約舉行大會，特邀福特和庫森斯出席。當他們兩人走進會場時，全場鼓掌歡迎，他們把福特當作一位誠實公平、據理力爭的英雄。

不久，一直支持福特汽車公司的同盟公司也舉行了一個晚宴，為福特的勝利祝賀。同樣，他們也邀請了聯盟的人。雙方盡釋前嫌，氣氛非常友好。大家稱頌福特對抗獨霸事業、爭取個人權益的勇氣。福特說，這不是我個人的事，不是一個公司的事，這是一場保護自由事業的戰爭。如果我不幸敗訴，美國汽車工業就難以得到發展。

事實上，從私人關係看，福特和夏爾登給彼此的印象都非常好。

夏爾登說：「為整個社會著想，我們敗訴反而更好。」對夏爾登的人品，福特評價也甚高。

福特汽車公司不僅贏得了這場官司，而且訴訟給它帶來了意外的好處。福特說這場官司是他最欣賞的一次廣告，甚至遠遠超出了他們的第一次廣告，它把觀眾的注意力都吸引過來了。

在一九〇九年至一九一一年這幾年的訴訟期間，僅有五十位顧客在買車時索要了公司的保證券，而公司總共銷出了一萬八千輛車。透過這場官司，福特汽車公司的知名度更高了。

底特律凱迪拉克廣場福特公司的廣告牌上一輛福特汽車迎風飛馳，旁邊閃耀著一行得意的文字：「請看，福特汽車駛過。」

締造汽車王國

如果我們每個人都盡我們最大的創造能力去創造財富的話，那麼每個人都能夠獲得足夠的東西，這將是很容易做到的事情。

——福特

成為公司的掌舵手

在福特汽車公司迅速發展之際，福特把所有的精力都放在這三種車型上：福特製造了B型車，它是由四個缸帶動的休閒車，當時的市場價為兩千美元。之後，他們又把A型車改裝為C型車，價格在九百美元至一千美元之間。而F型車也是一種休閒車，售價為一千美元。

這樣一來，福特把最合理的資源都給分散了，雖然價格提高了，但是銷售量少於第一年，僅售出了一千六百九十五輛車。B型車很適合在普通道路上行駛，它也是新型的四缸汽車，要想把價格高這個缺點壓下去，福特認為，還需要做更精彩的廣告，而當時最好的廣告就是利用最精彩的比賽贏得大家的歡迎。

於是，福特帶著他的賽車出征了，這輛賽車與「九九九」車是雙胞胎，福特將它命名為「亞羅號」。這天清晨，寒氣襲人，鵝毛大雪紛紛揚揚地飄灑著，漆著紅色箭頭的「亞羅號」停駛在克雷爾湖畔。

福特坐在駕駛座上，隔壁助手座上是福特的得力助手維爾斯。小埃茲爾依著媽媽克萊拉靜靜地坐在後座上。

而在前天晚上就已經得到通知的一大堆記者，為搶拍照片，早在此久候了。「亞羅號」慢慢爬上湖畔的堤防，緩緩下到結冰的湖面上。維爾斯不斷吐著白氣，彷彿開了口的汽化器活門一樣，福特雙手提著五加侖汽油注入油箱。為了防滑，湖面上已被穿冰鞋的公司職工們撒滿了灰。

福特是從不氣餒的人，絕不退縮，他沉著冷靜地跳進「亞羅號」車裡，全速前進。人們都屏住呼吸，克萊拉不敢看，十歲的埃茲爾驚恐地注視著。

湖面凹凸不平，破裂之後重新結冰的地方比比皆是，想在冰上全速前進，簡直就是玩命。「亞羅號」一會兒飛滑，一會兒騰跳，不斷地因撞擊堅冰而使車身嚴重偏滑，激起的銀色的冰塊、冰粉飛濺到被這一驚險場面緊緊吸引的記者和參觀的人群身上。福特拚命握著方向盤向前全速行駛，最後終於穩穩地煞住了車。

福特終於成功了，克萊拉長長地鬆了口氣。權威性的計時成績出來了，這驚人的消息透過電波傳向各地，亨利．福特和時間的比賽僅用了三十九點四秒，比法國紀錄少七秒。福特遠遠打破了二十二公里一分鐘的世界紀錄，而又是在冰上！

第二天，福特「亞羅號」冰上疾駛的消息在底特律各報上紛紛登出。「福特型車奔馳在冰凍的湖面上，時速一百五十公里，刷新了世界紀錄。」

沒過多久，福特型車廣告見報了：「福特型車，速度快、價錢低，是大眾的汽車，不是賽車用的奢侈品。」

就這樣，一時間，福特的這一系列型車立即傳開了，它的出名也未能掩蓋價格偏高的缺點，有錢人打算買，沒錢的人議論的時候還在希望著。

這一舉措加快了福特汽車公司的發展，經過三個月的營運，掙得利潤三萬七千美元，一九〇三年十一月二十一日，公司給股東們發放了百分之十的紅利。接下來的九個月裡，公司實現利潤近十萬美元。

至一九〇四年秋天，公司月平均銷售額已達六萬美元。一九〇四年十月一日至一九〇五年九月三十日，公司的年銷售總額接近兩百萬美元。起步階段公司每年大約賣出汽車一千七百輛，正如庫森斯於一九〇五年春對底特律《記事報》所說的：「我們現在每天平均出廠二十五輛汽車，為三百人提供了就業機會」。

然而，事業興旺也帶來了問題。馬克摩遜眼看公司辦得很成功，而自己的親信庫森斯和福特的配合也越來越密切，他開始感到不自在了，意欲重占山頭。他要求庫森斯重新回到煤炭公司去，由自己接管汽車公司業務經營的實權，庫森斯不樂意。於是馬克摩遜提請董事會將他解僱，但福特說服董事會駁回了這項提議。

這場蓄勢待發的爭端不僅僅涉及人物與權力。福特汽車公司創辦後的頭幾年，有一個更深層的動因逐漸明朗化，隨著公司的快速發展，意見分歧更是火上加油。此事關係到福特汽車的未來走向：公司應該開發、生產和銷售什麼樣的汽車？公司相應的投資取向又是什麼？

說到底，問題就在於公司的兩大股東馬克摩遜和福特之間對此越來越有意見分歧。分歧越膨脹越發痛楚，迫使股東們不是站在這一邊就得站在那一邊，衝突一觸即發。

在公司成立後的前幾年，馬克摩遜雖然沒有直接參與經營活動，但對公司應該製造什麼樣的產品有自己的明確態度，他的想法是生產昂貴和高檔的汽車，面向富裕的客戶階層以獲得更加豐厚的利潤回報。

而福特的觀點則與馬克摩遜大相逕庭。大約在一九〇三年六月，他對庫森斯談起過自己的設想，說他想為公民大眾生產廉價、簡潔和輕便的汽車，並且認為製造汽車最好的辦法是將生產工序簡單化和標準化。

大批量生產汽車能夠降低成本，成本一旦降低，更多的人就能買得起，自然而然就有了市場。製造汽車應該使每一輛車彼此相像，出廠時看上去都是一樣的，別針廠生產出來的別針看上去大體相同，火柴廠生產出來的火柴看上去都差不多，汽車生產道理也是一樣的。

公司成立後的頭兩年，福特和馬克摩遜之間的分歧還沒有擺上桌面。一九〇四年至一九〇五年公司向市場推出了兩大類車款，第一類包括A型車以及它的升級版C型車和F型車，都是雙缸汽車，體現了福特輕便和廉價車型的構想。

在馬克摩遜的堅持下，公司同時生產和銷售第二類車款B型車，比起第一類車款來說重量要大得多，它車速快得多，賣價也高得多。福特的A型車款一下線就被顧客買光，B型車賣得倒也還說得過去。

由於輕型小汽車很受歡迎，福特和他的工程人員大受鼓舞，於是就在一九〇五年至一九〇六年間全力重點開發和生產一種新車型。新車是四缸車，重量輕、可靠耐用、賣價也不高，取名為N型汽車。

但出於對馬克摩遜的尊重，福特同時也開發和生產出了六汽缸的K型汽車，馬力更加強勁，賣得也更貴。N型車自重五百公斤，標價六百美元，K型車重約八百公斤，標價兩千八百美元。

福特和馬克摩遜繼續各執己見，福特強調說他的小型車人們都能買得起，銷售額有如此之高、需求量有如此之大，而馬克摩遜卻相信另一個事實能證明公司應該如何走向繁榮：一九〇六年美國市場上銷售的汽車有三分之二都是更大更貴的車型，給廠家帶來了更大的盈利空間。

福特和馬克摩遜的觀點分歧越來越大，在一九〇五年至一九〇六年間的董事會議上，股東們常常就公司的未來走向激烈爭吵，有人支持福特，也有人支持馬克摩遜，馬克摩遜贏得了幾位董事的認同，而福特的觀點卻說服了更多人。

後來，意見分歧使董事之間的關係日益緊張，福特開始對馬克摩遜不客氣了，腦中再次浮現出早年的圖景：當年底特律汽車公司那些有錢的投資者強迫他就範，而福特認為他們的想法是錯誤的。

福特決定舊情再也不能重演，私下里對同事們尖銳地指出：「任何沒有參與公司生產的人其實對公司都沒有什麼貢獻，都是一些寄生蟲。」董事會上庫森斯當然是福特的堅定擁護者，站在他一邊的還有道奇，道奇本來就不喜歡馬克摩遜。

爭端越來越激烈，找出解決方案顯然勢在必行。一九〇五年年底，福特和庫森斯決定採取一個明智的行動以達到一箭雙鵰的效果。從策略眼光考慮，他們認定公司應該自己製造零部件以此另闢新路為公司創造利潤。作為公司權力鬥爭的參與者，他們也意識到自己面對的是一個冥頑不化、毫不妥協的合作者。

因此，福特和庫森斯就提出要建立一個新的實體，名為福特製造公司，建立新公司可以同時解決這兩個問題，福特汽車公司一向是在道奇公司訂購發動機和零部件的，而新公司成立後就可以製造發動機和零部件賣給母公司以賺取利潤。

同樣重要的是，新公司將排除馬克摩遜的參與，為「福特N型車」製造發動機和零部件，公司和它的股東將因此盈利，而馬克摩遜從此以後只能靠銷售成品車來實現利潤，策略可謂精明。

福特製造股份公司於一九〇五年十一月二十二日成立，廠子設在貝勒維大道租來的一所房子裡，股東們選舉福特為公司總裁，道奇為副總裁，庫森斯為財務總監。

成立公司的意圖再明白不過了，正如一位股東所說的那樣：「福特先生對我允諾說，一旦把馬克摩遜搞定，福特製造公司就立即併入福特汽車公司，跟從來沒有存在過一樣。」

馬克摩遜立即明白了此舉意味著什麼，於是開始反擊。他怒氣衝衝地揮筆給董事會寫了一封長信，信中說道：

此種行為意欲犧牲大部分股東的利益來滿足一小部分人的利益。此傾向最為明顯的舉動是成立福特製造公司。

據可靠消息，他們要把生產出的產品賣給福特汽車公司，當然也因此賺取利潤。新公司不邀請小股東加盟，他們要分得利潤，排除在門外的人將承擔損失。

一九〇五年十二月初，底特律《記事報》和《論壇報》都報導說「底特律最新成立了汽車公司」，並登出了公司大股東馬克摩遜的照片，刊載了有關他的「氣動車輛公司」

的新聞。原來，忍無可忍的馬克摩遜建立了自己的汽車製造公司。

馬克摩遜汽車公司注入資金四十萬美元，設在梅克大道一座三層樓的廠房裡，計劃生產五百輛大型旅行汽車於一九〇六年上市。公司的廣告詞是：「我們為今天、明天和來年生產汽車。」

由於馬克摩遜汽車公司成了福特汽車公司的直接競爭對手，馬克摩遜就無法為先前主要由他資助的公司謀利益了，於是福特汽車公司董事會要求他辭職，理由是他的氣動車輛公司損害了福特汽車公司的利益。馬克摩遜很生氣，非但拒絕辭職，還威脅說要打官司。

初生的福特汽車公司因此發生了內訌，眼看要升格為內戰了。在這場不同意願的較量中，福特和庫森斯堅持要馬克摩遜辭職，並且在公司管理層尋求支持者。

福特和庫森斯與馬克摩遜談判了幾個月沒有成功，就設法爭取到大多數股東，做出了另一個關鍵舉措。一九〇六年五月，董事會投票把馬克摩遜從財務總監的職位上驅趕了下來，馬克摩遜負隅頑抗、寡不敵眾、痛楚不堪，最終只好同意以十七點五萬美元的價錢賣出了他的兩百五十五個股份。

庫森斯的叔父是一位商業家，他幫助福特從銀行弄到了一筆貸款，由庫森斯簽署背書。在很短的時間內，馬克摩遜在董事會中僅有的幾個擁護者也賣出了股份。福特和庫森斯把這些股份通通買了下來。

就這樣，至一九〇七年，以往的風波使公司實現了一場革命，正如有人說的那樣：「公司的管理權和控股權已經牢固結合。」福特擁有五百八十五股，負責公司的汽車生產製造事宜，庫森斯擁有一百一十股，負責公司的業務管理，其他股東加在一起擁有三百零五股，心甘情願地把公司的經營交給福特和庫森斯一手掌管，這樣福特就成了福特汽車公司的掌舵手。

勵精圖治發展公司

福特提出的為大眾造車的想法是成功的。他不遺餘力地為降低造車成本，提高汽車品質而努力。當汽車還在手工製造的階段時，它的市場只能是富有階層。要作出為平民造車的決定，必然聯繫到生產方式和技術的改進，以及對市場的信心。

福特一生作過很多重大決策，而這次的決策就屬於具有遠見卓識、對公司以及對社會產生長遠影響的一類。

一九〇五年，福特去佛羅里達州參觀賽車。觀光勝地的棕櫚湖，並未因時逢冬季而有絲毫的寂寞，一場激動人心的車賽正在這裡舉行，觀眾台上座無虛席。比賽進行得正激烈，突然，一輛法國產賽車翻滑出賽車道。頓時車體支離破碎，面目全非。

觀眾們都全神貫注於選手角逐的跑道上，誰也不肯為那輛被淘汰的賽車分散注意力。然而，一位頭戴鴨舌帽、身穿雨衣的中年男子，翩翩紳士風度地走下觀眾席，來到支離破碎的賽車前，在殘骸中仔細地搜尋著。

這個喃喃自語的中年紳士不是別人，正是福特本人。意外地，福特在那堆殘骸中滿意地找到了幾個活門和金屬片，他小心翼翼、輕輕地一一擦去油泥後，用手帕精心包好放入雨衣口袋中，然後悄然離去。

福特早就知道歐洲產的汽車比美國車輕而結實，主要是零件做得精巧。他一回到底特律，就馬上召集廠長和幾個工程師進行研究。

研究的結果顯示，這些金屬片是釩鋼合金，釩這種金屬元素是在一八三〇年於瑞典基魯那礦山中發現的，它是製造鋼鐵合金的最理想的金屬原料成分，曾被譽為「愛與美之神」。

這種除了用普通製鋼元素外再加入金屬元素釩的釩鋼合金是製造小型汽車的最佳材料，不過要低成本、大批量在美國生產還不太現實。而且製造釩鋼需要三千度的熔爐，全美國當時還沒有一家鋼廠有超過兩千七百攝氏度的熔爐。

福特找到了俄亥俄州的一家小鋼廠做實驗。這家鋼廠怕虧本，不敢接受訂單。福特立刻作出保證，無論成功與否，一切損失皆由福特汽車公司承擔。

透過幾次實驗，他們煉出了這種東西，發現它的耐壓力是普通公司產品的三倍。福特首先將它用在N型車上。N型車卓越的越野性能得力於採用這種新型材料。

N型車還採用了一項革新，即將馬達移到前面去了。過去的車，馬達都裝在坐席底下，移到前面，空間大，可以增大馬達體積，所以這種車馬力更大些。福特這種不拘泥於固有模式的豐富想像力，使得他總能比同行們顯得技高一籌。

儘管N型車是種比較完美的車，但它的售價卻又降到了五百美元，比其他公司的汽車便宜百分之三十。這樣優良的車，這樣便宜的售價，自然能迅速地贏得市場。訂單在不斷猛增。庫森斯招架不過來，甚至退回了部分訂單。

其實N型車的生產成本都接近五百美元了。福特預計到它的銷路會好，它的利潤靠大批量生產來實現。他採取的是薄利多銷的手法。福特計劃，N型車的年產量要達到一萬五千輛。

N型車剛進入市場，業內雜誌和報紙就讚譽甚高。《汽車與兩輪車行業專刊》發表了一篇長達九頁的文章詳細介紹了N型車的底盤、發動機、轉向系統、制動系統、車軸和傳動系統，還配上了照片和插圖。

這篇文章的作者還描寫了與福特本人一起進行的八十公里的試車過程，他們開著這部車在崎嶇不平的道路上把一段段路程拋在身後，車子轉向靈活、行駛平穩，表現令人讚嘆，還經過了一段半路上有一個拐彎的長長的上坡，加速性能非常良好。

根據作者所言，「福特稱他開其他車從來也沒有這麼輕而易舉地跑過這個上坡」。文章的結尾說：「N型車的生產顯然是一九〇六年機器製造業的最為重大的事件，首次為低成本汽車製造提供了範例，車子做工精良，質地輕巧。」

但是如何才能做到大量生產，這是個關鍵性的技術和管理上的難題。福特和維爾斯都在探究阻礙大量生產的癥結所在。

當時造汽車，是從各協作廠家和自己的零件廠將零件運來，卸到地上，不同的零件卸到不同的地方，再把它們組合成為大的部件，又將大部件運到另一地方裝配成整車。這種分散作業方式阻礙了大量生產。

而N型車賣得好，更堅定了福特為普通大眾造車的理想，同時他開始懷疑品種多樣化、系列化的經營方針的正確性。他覺得，一個公司設計的品種越多、越複雜，勢必越增加成本。而每種車的銷量又有限，價格就必然提高。

當時美國有許多汽車公司都是因為打品種仗而失敗的，鑒於此，福特決定將整個公司的命運都押在N型車上，今後福特公司只造一種型號的車子。

這的確是要冒風險的，但冒險中又蘊含了大量的利潤，它有利於標準化生產，這是大量生產的必然前提。福特說，如果公司的產品不達到像「別針和火柴」那樣的統一規格，大規模生產就永遠只是夢想。

接著福特又決定，N型車的車型也不作任何改動。而別的公司就是靠不斷變換車型來參與競爭的。直至N型車在市場營銷中取得成功，這種令人眼花繚亂、不斷變換汽車外形的潮流才稍有節制。

N型車生產第二年，公司售出了八千兩百輛車，福特公司首次盈利超過一百萬美元。第三年，盈利超過兩百萬美元。福特將利潤全部用在了擴大再生產上。

但是隨著產量的不斷增加，福特汽車公司和福特製造股份公司分設兩處所造成的不便越來越明顯了。並且不斷地添置設備也使原有廠房顯得太狹窄了。福特感到有必要將這兩個公司合併，由此而實現他的一貫到底的流水作業方式的構想。

福特希望從採購原料到製造零件，到拼裝成一部汽車，形成一條龍的作業。這正是現代工業生產的雛形，福特公司將朝著世界一流的汽車廠邁進。

福特預感到，經過長期的試驗和發展過程，汽車工業的時代即將來臨了。一些統計數字證實了他的想法，在一九〇二年，美國每一百五十萬人口擁有一部汽車，兩年之後這個比例已經增加為六萬五千人擁有一部車。而到了一九〇九年，八百人便擁有一部汽車。

《國家》雜誌甚至斷言：「一旦能生產出一種價格便宜的標準車，駕駛人員又不需要具備很多機械方面的知識，使用的費用也不大，汽車市場將前程無量。」

福特本人也看到了這一點，他知道汽車不是玩具而是生活必需品的時代已經來臨。

福特汽車公司順應時勢，而汽車的普及給公司帶來了發展的機遇。它的分公司、代理店遍布全美國，同時它也在積極拓展海外市場，在英、法等國家也設立了分公司。福特的汽車幾乎跑進了世界各個角落。

這個時候的福特真正是志得意滿，然而他還保持著自己樸實的本色，沒有一副大老闆的派頭，在這個可算是他私家的公司裡謹言慎行。

他自己在工廠裡不停地工作，對他的員工也從不用命令口吻講話。他想要人家照他的意見辦事時，也只是說：「你看這樣做是不是妥當些？」因此公司的雇員對他都很尊重。

福特知人善任，並盡量發揮他們的長處。庫森斯、維爾斯都甘願集結在他的身邊。庫森斯原是馬克摩遜的舊屬，因得不到發展而歸附到他的旗下。庫森斯又為他拉來了大批得力助手。福特公司成為許多有志之士的嚮往之地。

從一九一〇年至一九二〇年整整十年間，福特公司的行政、技術人員一直是美國工業界的精英。他鼓勵部下大膽工作，勇於試驗。他也捨得為了試驗破費錢財。只要他們有一點新貢獻，就給予重金獎勵。

福特知道自己生性靦腆，不善交際，因此特別倚重潑辣幹練的庫森斯。很早他和庫森斯就宣布了不僱用自己親屬的用人方針。公司的職員都意識到這是可以幹出點成績的地方，因此大家都自覺地拚命工作。福特不僅對公司的幹部是這樣，對工人也是如此。一次，福特在工廠視察，看到一台機器正在飛快轉動，從機器上反射出來的光特別耀眼。這是一台保養得特別好的機器。

他立刻走到正在工作的那個工人面前，拍著他的肩，誇他的機器擦得乾淨，暗示他不用擔心失業，如果他的工作有所變化，那也只可能變好，「因為懂得愛護機器的人，一定會有出息的。」這番誇獎和暗示起了作用。

第二天，所有的工人都將自己的機床擦得乾乾淨淨。當福特過了兩天再來視察時，被那整潔的工作環境感動了，他走過去與每個人握手，不斷地說：「謝謝，謝謝你們！」

福特公司現在日產百輛車，他認為沒有工人們忠誠的努力是不可能的。他與工人們採取合作的態度。當時的工廠多數採用計件工資制，而福特公司不願因此而影響產品品質，他一直採用計時工資制，避免了工人們因趕工造成的粗製濫造，這對工人和公司雙方有利。

成就巔峰的T型車

在美國，N型車已經是當時最便宜的車了，但還不是所有美國工人階層都買得起的。福特的理想是要使他的車更加優秀，更加物美價廉。

新車工程是一九〇六年年底開始研究的。在彼開特大道廠區，有天早上福特叫上蘇納倫一起走到三樓的北邊盡頭，那裡有一小塊空間，既沒有安放機器也沒有幹活的工人。

當時蘇納倫擔任這個廠區的模具部總監和廠長助理。「倫森，我想在這裡搭一間實驗室，」福特說道，「你在這裡圍上牆壁，上面開個大門，一部車要能夠進得去出得來，門要鎖得緊。我們要製造一輛全新的車。」

過了不久，福特叫來公司的總設計師約瑟芬，讓他在這間實驗室裡安放一張製圖桌和一塊黑板，最後還特別囑咐：除了蘇納倫和他們的骨幹助手以外，任何人不得隨便進出。

一九〇七年，蘇納倫、約瑟芬他們幾個人為實現福特的普及車夢想邁出了頭幾步。約瑟芬和助手花了許多時間在實驗室裡設計各種部件，如發動機、傳動系統、底盤、減震系統和車身等。

然而福特才是這裡的核心人物，根據約瑟芬的描述，自己和助手在黑板上畫出圖樣，福特則坐在一個很特別的座位上仔細端詳，約瑟芬曾這樣回憶道：

福特坐在大搖椅上，我們幾個人工作時他都會仔細看著。搖椅是他媽媽過去使用過的，搬到這裡來說是會給他帶來好運，搖椅很不錯、很舒服的。

他會在上面坐上幾小時仔細地看著黑板，仔細地瞧我們工作，和我們說說話，我們畫圖時他會開口指點，有什麼他不滿意的地方就當場改過來。

等約瑟芬圖樣畫好，修改好之後，就會請示福特直至他滿意後，這時就看蘇納倫的了。因為福特一向喜歡看實物而不喜歡抽象的東西，讀懂設計圖從來就不是福特的強項，福特更希望手上有看得見摸得著的零部件模型，以便作出判斷。

蘇納倫設計出來的每件東西都要先做個模型，好讓福特仔細思索。他們會花上好幾個小時在模型上修修改改，估算出強度、性能和效用，最後才能成為設計圖的定稿。

福特看到大家煞費心力為普及車型設計出各種合適的零部件，在此過程中，他的熱情越來越高漲。幾乎每天蘇納倫都會聽見福特重複同樣的話：「我們已經上路了，我們能把車子造出來了，產量會很大，價格也會低很多。」

就這樣，一連好幾個月福特、蘇納倫和約瑟芬常常工作至深夜，設計上不斷作出修改和完善，然後開發工作就進入了一個新階段。小實驗室裡搬進了一台磨床、一台鑽床和一台車床。新車底盤的部件在這裡加工，將屋外做出來的發動機零件搬進來組裝，每件東西都要仔細檢查、調試和改進。當然，在此過程中福特仍是主角。

就是在集思廣益、實驗和調試的過程中，用於這款普及車型的釩鋼材料發揮了核心作用。瓦德西說：「福特總是想弄出一部輕型車來，這樣才有優勢把大型車比下去。」

瓦德西是由保潔員晉升為工程師的，從N型車使用釩鋼開始，福特就感到公司應建立一個材料研究所。維爾斯提議聘請一位專家來主持研究，但福特不同意，他心裡早有一個人選，那就是瓦德西。

福特看重瓦德西的實在與肯動腦筋。他送瓦德西出去進修了一段時間，回來便由他主持金屬材料研究。後來瓦德西主持的這個研究所一直在美國同行中遙遙領先，福特慧眼，沒有看錯人。

透過艱苦的研究，至一九〇八年春天，福特T型車終於揭開了它神祕的面紗。新車採用了很多當時美國最先進的技術：車體的鋼材經過了特殊的熱處理，輕巧皮實。啟動由電機代替了電池，傳動裝置改成了維爾斯發明的行星齒輪，這樣，即使車子顛簸得再厲害也不易鬆脫。操縱系統也都通通簡化，幾乎人人都可學會駕駛它。

T型車推向美國市場後，其受歡迎的程度令人瞠目結舌。預訂新車的訂單如雪片般紛飛而至，至一九〇八年年底時，已超過了工廠的實際生產能力。福特汽車公司不得不宣布暫時停止接受新的訂單。各地的銷售商也將公司原先發售的廣告鎖在抽屜裡，不敢拿出來。

從一九〇八年十月至一九〇九年十月的一年間，T型車已經售出十萬輛，收入高達九百萬美元，這比前一年增加了百分之六十。

T型車之所以受到如此熱烈的歡迎，在於它馬力大，結實耐用，越野性能好。這一點在公路狀況不好的情況下顯得尤為重要。福特是不會放過任何宣傳機會的，而促銷T型車最好的例子恐怕莫過於「橫跨大陸賽車之旅」。

一九〇九年夏天，西雅圖舉辦了阿拉斯加太平洋博覽會，汽車耐力賽是該博覽會宣傳活動的主要部分，這是福特汽車公司為T型車做廣告的大好機會，賽程起點為紐約市，途經聖路易斯，終點為西雅圖。

福特隨之對其他所有的汽車生產商發出了挑戰，他要用T型車對抗任何其他車型，賭注可以由接受挑戰者共同商議決定，提出任何條件他都接受。

比賽於六月一日開始，總共有六輛車上路參賽，其中有兩輛福特T型車。賽程第一階段所有的六輛車都平安無事，兩部福特汽車很快處於領先地位，並率先於六月五日到達聖路易斯。

然而經過西部地段時出現了問題，瓢潑大雨夾雜著大冰雹把賽手困在了泥潭裡，路面被沖垮了，而洛基山脈的羊腸小道也確實只適合山羊通過，有的賽車駛過時輪胎都爆裂了，車軸也弄彎了，隨車地圖模糊不準確，沒有可靠的汽油和機油的供應保障，情況於是變得更加糟糕。

一路上賽車手們歷經艱難，有的車從堤壩上向下溜五六公尺，從泥濘的路上滾進了河道，有的賽車因旁人不小心在油箱邊劃火柴而著火，有的車完全迷路而沿著鐵路枕木上開了十多公里並穿過一個山洞才回到原路，有的車在山谷裡陷入了兩公尺深的泥塘裡而不得不由一幫鐵路工人用鐵鍬挖掘出來，如此種種，不一而足。

終於，福特二號T型車用了二十二天零五十五分跑完了全程，於六月二十二日率先衝進了西雅圖，二十萬人等在那裡歡呼T型車取得了勝利，其中還有專程趕到西部的福特。之後過了十七個小時，一輛舒馬特汽車才到達了終點，後面緊跟著福特一號T型車，其他車輛都沒能完成這次越野比賽。

橫跨大陸賽車之旅產生了極大的廣告效應，三輛到達終點的汽車中福特汽車公司就占了兩輛，全國各大報刊競相大標題報導，還配有賽車手的照片，照片裡他們渾身泥土，呼之欲出，福特汽車公司因此占盡了風頭。

比賽過程中，福特汽車公司也充分利用機會為T型車做廣告，敦促銷售商們在展銷櫥窗中掛上大幅美國地圖，標註賽程路線和各個站點，插上汽車小圖標，根據電報傳來的消息移動圖標報導T型車的進展，吸引了大批興致勃勃的人群圍在櫥窗外觀看。

比賽獲得勝利以後，福特發動了廣告閃電戰，在各大報章刊登出巨幅標題「福特：賽事的冠軍」，文中說道：「想買車的顧客們認真地想一想吧，那輛冠軍的車子是從公司庫房裡隨便提出來的很普通的一部車，並沒有什麼特別的，也不比庫房裡其他車子更好，與顧客買到手的車子沒有任何區別。」

賽車加上廣告的效應，一時間T型車炙手可熱。雖然它的價格未能降下去，賣八百二十五美元，但它優良的品質，讓人們感到物超所值。這時候，購買福特T型車成了一股熱潮，到第一次世界大戰結束時，福特T型車已占世界市場的一半以上。至一九二八年停止生產這種汽車為止，福特公司總共生產了一千五百萬輛。

一時間，美國人都愛上了它，人們歌頌它，把它發生的各種故事寄給福特，還給它取了個暱稱：「維齊罐頭」。不用多久，每個人都得有輛「維齊罐頭」。「維齊罐頭」車像一條平穩的河流，源源不斷地流出福特汽車公司。

農場主們發現當機械損壞時，可用T型車快速送到鎮上。生病的小牛得用它運送到獸醫站，他們把山羊拴在運送板上出行，一個農場主甚至將兩頭豬綁在後座上運到市場去。農場主的妻子用存了一週的雞蛋錢，愉快地驅車去商場，進行週六大採購。

郵遞員用過去三分之一的時間即可跑完全程，消防隊員們將軟管和水桶裝滿整個T型車，快速衝出去救火。

但沒有人比福特本人更滿意T型車。福特總是喜歡野餐。如今，在工廠辛勤勞動一週後的週末，他最大的樂趣是打電話告訴克萊拉，準備好野餐籃。克萊拉就會帶上盛滿食品的籃子，坐進車裡。福特將歡快地跳到駕駛座上，驅車外出度過一天。

而在今天看來，T型車確實其貌不揚。人們很難想像，福特公司能憑它發跡，成為全球最大的汽車公司。即使是早期的汽車，論相貌，也輪不到它豔壓群芳。且不說那美輪美奐的勞斯萊斯，就是那別克、雷諾、斯蒂培克都比它漂亮千百倍。可是就是這麼一隻醜小鴨，竟統治美國汽車市場達十八年之久，其產量占世界汽車總量的一半，這簡直就是汽車工業界的奇蹟。

為什麼T型車能給福特公司創下這麼輝煌的業績呢？福特自己認為，首先歸功於車子本身的良好性能，價格便宜；其次是它操作簡單，易於修理。

T型車的成功，實質上是福特經營目標的成功。福特造車，其方針定在為人民大眾服務上。服務對象眾多，自然市場占有率就高，這個淺顯的道理真要弄透徹卻並不容易。

T型車成功除了它本身招人喜愛外，還有一些不可忽視的外界原因：美國道路情況開始變好是促進汽車普及的一個重大因素。過去美國的馬路都是泥土、砂石鋪就，路基狹窄，路面坑窪不平，坐在車上顛得厲害，所以那時的車子都不裝頂篷。公路上也沒有行車標誌。

有一個笑話，說那時有三個人駕車行駛在佛羅里達州。天快黑時，他們來到一處岔道口，不知該走哪條路。黑暗中看到路旁一根柱子上掛著塊木牌，他們想到應該是一塊路牌，於是便打賭，派了一個人爬上去看。其中一人費了好大勁爬上去，劃根火柴一照，那上面寫的是竟然是一個香菸品牌的廣告。

後來，在汽車商和駕駛者的要求下，美國的公路設施正在日趨完善。

第二個外部原因是T型車品質不斷加強，而價格反而不斷下降，由最先的八百多美元，在不到五年的時間裡，降到了五百美元，這給人們一種奇特的心理影響，大家以為有神助福特似的。

最後一個外部原因是T型車已是家喻戶曉的代步工具，美國人已經很親切地把它稱為「鐵皮車」、「貧民車」、「咔噠車」、「小福特」、「小蟑螂」等。對於成千上萬的美國人來說它儼然是家庭的一分子，它有時脾氣乖戾令人惱怒，有時忠實可靠討人喜愛。

而它的平民化風格為各階層人士所喜愛，連美國總統威爾遜和眾多的電影明星乘的也是這種車子，可見它的廣告效應不可低估。

美國人說T型車樸實無華，像蒼蠅一樣隨處可見，像蘋果餅一樣是純粹的美國味。它從一九〇八年八月宣布即將上市，至一九〇九年年初在市場上廣為銷售，從福特汽車公司源源不斷地開進了成百上千萬美國中產階級和勞工階級的家中。一九二〇年，美國城鄉道路上奔跑的汽車幾乎有一半都是福特T型車。

而T型車產生的汽車文化永遠改變了普通美國人民的日常生活方式，正如有人所說，「汽車機動性」產生的影響於二十世紀早期成了新社會和新經濟的有力支柱。

T型車出現後的十五年內汽車製造業成了美國工業產值的主導力量，汽車製造業又成了石油工業的生命線以及像鋼鐵、橡膠、玻璃和油漆等其他企業的首要客戶。

汽車的發展也推動了整個美國的道路交通建設，刺激了郊區房地產業的開發發展，並為諸如加油、旅遊和路邊食宿等新興服務行業的滋生興起提供了充分的養分。汽車載著人們上班工作、下班娛樂，也加強了區域聯繫和城鄉聯繫。

採用流水線生產方式

T型車的大量推廣，以及人們的熱烈需求，導致供不應求。因此福特汽車公司又建了一座新的廠房。新廠建在海蘭帕克。廠房寬敞明亮，有四層樓房那麼高，被譽為底特律的「水晶宮」。

「水晶宮」工廠是著名建築師阿爾巴頓設計的。

福特在一九〇七年否決了另一個設計方案以後請到了阿爾巴頓，他對阿爾巴頓埋怨道：「我不喜歡那個方案，但是他們說我想要的東西是不可能建起來的。我希望整個工廠只有一個屋頂，如果你覺得我說的能行，和我說一聲就動手幹吧！」

福特對阿爾巴頓說了他的大體要求，阿爾巴頓同意試試看，他畫出設計草圖，福特在上面作修改，來來回回折騰了幾個月，福特最終滿意了。阿爾巴頓後來說：「我要做的只是把他的靈感拿過來，轉換為一個可操作的具體形式，事情就成功了。」

「水晶宮」工廠來自福特的想像力，由阿爾巴頓具體繪製出藍圖，在工業界獨一無二。傳統設計往往把一所工廠的各個功能安排於相互獨立的廠房裡，而「水晶宮」工廠則是同一屋頂下的綜合整體。

龐大的建築物有一棟四層主樓，面向伍德華德大道，兩百六十公尺長，二十公尺寬。另有一座單層建築，上方有一個鋸齒形的小屋頂，兩百五十公尺長，四十公尺寬，與主樓平行而列，並由一個縱貫全長、安有巨大玻璃屋頂的起重吊架滑道與主樓相連接，以方便傳送材料。

接下來的幾年裡蓋起了更多的平行建築，包括一座座的附屬建築，如發電廠、鑄造廠、機房、地下通道系統以及行政樓等。最後，近二十五萬平方公尺的地皮全被填滿，所有建築都由鋼鐵和鋼筋混凝土建成，磚瓦除了用來蓋房屋邊角裝飾性棱堡以外用得很少。

「水晶宮」工廠最為顯著的特徵是總面積為五千平方公尺的玻璃窗占總牆面約百分之七十五，再配上大天窗以及起重吊架上方的巨型玻璃屋頂，形成了整座工廠一派淋漓通透的景象，整個「水晶宮」光線充足、通風良好，令人一見難忘。

福特要將海蘭帕克廠建成世界第一流的大工廠。於是，他不斷更新機械設備，只要是性能不好的設備，哪怕是新的，也要淘汰。新裝的先進設備，很多是福特汽車公司自己研製的。

更為重要的是福特汽車公司做出了一個大舉動：福特和手下的經理們採用了一種稱為「流水裝配線」的生產技術，這一新機制的引入，把生產力提升到了令人難以想像的高度。

流水線生產方式的運用是福特受一家肉聯廠的啟示想出來的。一天，福特在芝加哥參觀肉類加工廠，看到一塊塊的肉吊在滑車上在空間移動，由一道工序進入另一道工序。他由此受到啟發，想利用輸送帶運送汽車零件。

福特的這個設想首先被應用到散熱器的組裝線上。那是蘇納倫按照福特的意圖設計的。設備安裝好之後，一向很少下工廠的庫森斯一天突然到了工廠，當他看到頭頂上一台台散熱器滑過，大吃一驚，認為沒必要，這些新設備必將提高生產成本。庫森斯要查問是誰搞的，工人們告訴他是蘇納倫設計的。他聽了很生氣，這樣重大的改造怎麼能不告訴他？

福特知道後，趕快告訴蘇納倫，蘇納倫立刻主動去找庫森斯作解釋，並用數據向他說明了這條生產線節省了多少生產成本，加快了多少工作進度。庫森斯自然是一聽就開竅的，馬上下令在全廠都裝上輸送帶。

福特廠的自動化流水作業線裝起來了，但這並不意味著大規模生產就可實現，因為還有大量的調整工作要做。整個生產是部聯動機，其中每一道工序停留時間長短、配備工人數量都要精確計算，還不能出哪怕是微小的事故，即使是一個螺釘也應在規定的時間內裝好，否則，一處出麻煩，整個流水線就會停滯。

福特汽車公司的技術人員花了整整一年的時間，才把全廠的輸送系統調試完畢，一九一三年正式用於生產。

要達到大規模生產的目的，還有項重要工作要做，那就是必須大量採用能通用的標準件。這項工作由亨利．利萊最先在凱迪拉克車上試用成功，福特汽車公司將它用於T型車的生產之中。

當新的生產方式運轉後，整個生產環境顯得緊張有序。工廠內的每一個零件都在動，不是被吊起，就是在移動，要不就在被加工。而各種加工設備分秒不停地在動，沒有一分鐘時間、沒有一個勞動力被浪費掉。

裝配線還在不斷改進，生產一台車體由十二點五個工時減少為五小時五十分鐘。而到了一九一四年夏天，新的流水裝配線已能在一小時三十三分鐘內完成裝配，工效紀錄每一天都在刷新。從流水線這一頭進去的是原料，那一頭出來的是零件，這一頭進去的是零件，那一頭出來的是大部件，最後出來的是一輛塗成了黑色的福特T型小汽車。福特喜歡黑色，他吩咐，T型車「要依照顧客的喜好上顏色，當然最好是黑的」。

自動化流水線給福特汽車廠帶來了奇蹟般的飛躍。福特汽車公司由年產七百八十八輛，躍進到十七萬輛，第二年二十五萬輛，第三年七十三萬輛，也就是每十秒鐘從它的輸送帶上走下來一輛新車。

奔馳公司的經理參觀海蘭帕克時說：「這個工廠無論是設施還是生產方式，都是世界第一流的。」

歷史證明了，福特公司這些開創性的業績，標誌著世界工業史上一個新時代，即大規模自動生產時代的來臨。福特的專家們不僅生產了汽車，而且生產出一套方法，也許後者更具深遠意義。

隨著生產量的激增，T型車的銷售量也有增無減。但其售價反而逐漸降低。

至一九一四年，福特公司的雇員已達一萬三千人，他們生產的汽車，相當於全國三百家汽車公司六萬名工人生產的汽車之和，生產量已達美國汽車產量的一半，而美國汽車產量已超過全世界汽車產量的一半。

可以說，T型車的暢銷迫使福特公司不得不尋找高效生產的方式，而大規模生產方式又使得T型車成本降得更低，品質更可靠，從而更暢銷。正是這二者的結合成就了亨利．福特。

很顯然，福特新的生產體系顯然非常成功，成功不僅體現於產量飆升，還得到了如潮的好評。

參觀福特工廠的專家中，有一位名叫貝克文的人，他是一位備受尊敬的工業記者，他為《美國機工》雜誌寫了一系列的文章報導福特的海蘭帕克新廠，字裡行間洋溢出對其效率和生產水準的高度讚揚。

貝克文記下了貫穿生產過程的幾個特點：製造工序簡單明瞭，不斷測試零部件以確保尺寸標準化和相互替換性，機器設計強調運轉速度和精確性，用「動作觀察」法確定一個工人完成某個工種所需的最為簡化的動作，全廠有統一的工作標準，對機器設備和工序進行常規檢查和調整以保證增加生產。

福特新廠極高的生產力很快就在全美範圍傳揚開來，各大報紙紛紛報導，新聞標題宣稱「福特工廠是個了不起的地方」、「福特工廠產量驚人」、「福特大工廠有新理念」、「福特的巨大產量震驚汽車業」。

新聞正文對生產過程的各個方面都予以稱讚：有為全廠運送材料的巨型吊架起重機，取消了貯藏庫而改為把生產資料直接送到所需要的工作現場，剔除工人多餘的動作，根據生產T型車的需要而設計專用機器設備，林林總總不一而足。

進行薪資制度改革

福特汽車公司成立之初是馬克摩遜出的兩萬五千美元資金。至一九一三年公司資本已是原來的上千倍。公司的利潤在不斷翻倍，但是工人的收入卻沒有增長。福特公司雖成為底特律經濟效益最好的公司，而工廠的工人拿的仍是這一地區平均水準工資，每天二點三美元。

自動化生產線工作職位枯燥乏味，不停運轉的輸送帶迫使工人們整天處於高度緊張狀態，工人與公司離異的心態日益強烈。早在一九一〇年就有大批工人辭職而去。一九一三年，不斷變換的工人隊伍給流水線作業帶來很大的損失。更為嚴重的是，這種狀態繼續下去，遲早要在公司爆發一場勞工運動，世界產業工會聯合會也就是在此時滲入到福特公司來了。

現實的壓力迫使福特公司的高層主管人員要考慮工人待遇問題。識時務者為俊傑。福特的英明之處就在於他比他的同行更快更遠地看到了解決問題的辦法。

福特自己說，他從不做慈善之舉，那對誰都無益。他並不很看重金錢，自己的生活簡樸，但是他卻不能不看到，公司每年一千多萬美元的純利把股東以及高級管理人員的收入與工人的收入差距拉得太大了。貧富懸殊使福特的心靈受到了震動。

高層人士每人都有很高的收入，股東們早幾年就決定，紅利分配按最高標準。福特自己換下的髒衣服口袋裡的零錢常常忘了掏出來，克萊拉有一次還掏出一張數萬美元的支票。

而創造了巨大財富的工人們仍跟其他工廠的工人一樣，一天只有兩美元多，更可嘆的是就這每天兩美元多的工資，今天還不知明天能不能拿。失業時時威脅著工人們，工廠有工作就招工人，沒工作就遣散工人。工廠若更新設備或是重新設置流水線，工人就回家等候，沒有工資。

工人們過節也是如此，他們在家過節，不知節日一完，工廠還需不需要他。往往要等兩三個禮拜的假期過完才知道。海蘭帕克工廠的大門口就常常有很多失業的人等著找事做。於是，福特認為一場保護工人的改革呼之欲出。

一九一四年一月七日，正是星期天，福特突然傳下命令：停止休假，召開緊急會議。部下們不知發生了什麼事情。

召開緊急會議當然是有原因的。前一天下午，福特由年滿二十歲的獨生子埃茲爾陪著，在工廠漫步巡視時，突然發現了異常現象，所以第二天便立即下達了召開緊急會議的命令。

作為福特的兒子，埃茲爾一出世，便在搖籃裡聞著汽油味慢慢長大，這就注定了他的一生和汽車結下了不解之緣。埃茲爾從小學開始，就對設計和實驗表現出了濃厚的興趣，每天放學後，必先到工廠實驗室轉一圈。福特的T型車問世時，埃茲爾已經十四歲。在上高中以前，埃茲爾一直在底特律公立學校學習，那時，他就對汽車相當敏銳。

埃茲爾每天放學後，不是回家，而是到福特的辦公室，給各種信函貼上郵票，或者做一些福特不喜歡做的行政雜務。每次走進辦公室，他首先把書包放在福特祕書的辦公桌上，和祕書打聲招呼，接著便走進實驗室。實驗室是福特最主要的活動領地。

福特總是盼望著看見埃茲爾，要是埃茲爾遲到了，他就不由自主地感到擔心，他會走進外面的工作間，詢問那些正在忙碌的職員：「你們看見埃茲爾了嗎？哦，對了，他來了。我看見他的書包了。」

找到兒子以後，他們兩個人就會走進實驗室，開始考慮設計圖紙的事情，談論有關汽車的話題。

福特深為埃茲爾感到自豪。「沒錯，我有一個好兒子，他能夠繼承我的事業，」他曾對一個熟人說，「如果他堅持現在這樣做，將來公司就會擁有可靠的接班人。」而在埃茲爾的眼裡，父親是一個值得他無比崇拜的人。

埃茲爾在各方面都模仿福特，他甚至像福特那樣，總是隨身攜帶一個筆記本。他在上面記下五花八門的內容，從「購買治療咳嗽藥水」的日常生活瑣事到與汽車有關的專業事項，他都通通記在了筆記本上。

在底特律大學附屬中學讀書期間，埃茲爾就像班上大多數同學一樣，夢想著有一天能夠進入常春藤聯合會某所名牌大學。但是福特卻不以為然，他認為他的個人經歷足以證明：接受高等教育未必有多大好處。

福特喜歡用一個朋友兒子的故事，來闡述高等教育潛在的風險。這個故事的主角原本在美國西海岸的一所學院學習林業，後來在一家木材公司找到了一份工作。那家公司派了一輛馬車到火車站，打算把他接到伐木場。在粗糙不平的山路上，這個年輕的畢業生被馬車顛了下來，馬車從他身上碾壓過去，他也就此丟掉了性命。

福特總結了這個故事的寓意：「大學忘記了教會那個孩子怎樣坐馬車。」他的觀點是，埃茲爾在福特公司的工廠裡，就能夠學到一切有價值的東西，因為工廠本身就是人類智慧和工業文明的一個縮影。

儘管感到失望，埃茲爾還是聽從了父親的安排。他不是出於害怕，而是出於崇拜。「我的父親是一個偉大的人。」他對一個採訪他的家庭情況的報社記者說。他也必須表現得像一個偉大的人的兒子。

一九一二年，埃茲爾加入福特汽車公司，致力於型車裝配線的研究，他的興趣極為廣泛，對研究部門的技術開發有濃厚的興趣自然不必說，同時他還非常留心於有關經營的方法和技巧。

在福特召開緊急會議的一年多之後，埃茲爾便以自己的聰明以及從父親那裡遺傳下來的在汽車方面的才智，成為福特公司舉足輕重的一員。

跟著父親巡視完工廠後，埃茲爾不無疑慮地提醒父親與工人溝通，特別是理查先生。大量生產主要借重機械，但員工是人，無論是哪一個家庭，都會有各種不同的問題存在。因此，職工們難免對工廠勞動制度有所不滿。

福特對於理查的工作是很讚賞的，他工作勤奮努力，而且在技術方面也是把好手，但是，有一點卻很令福特不滿意，那就是他生性喜歡吹毛求疵，一貫輕視比自己地位低下的職工，態度非常傲慢，而且要求很苛刻。儘管如此，福特並沒有向他表示出自己的不滿態度。

理查一週六天，白天從不休息，而且每天都熬至深夜，即使是星期日、節假日也從不例外。那時候，公司主張一週工作六十小時，尤其是在T型車銷售量激增時，為了滿足需求，公司也從來不過問職工們的想法，經常武斷地要求職工加班，職工們對於這種夜以繼日的勞動制度早就不滿，如今已到了無法忍受的地步。

在星期日的緊急會議上，福特首先徵詢蘇納倫的意見，然後又徵詢庫森斯的意見，最後決定，從第二天開始，福特汽車公司的工人一天最低薪資升為五美元！庫森斯及其在座的人聽到福特說出這個驚人的數字，無不目瞪口呆，面面相覷。庫森斯懷疑自己聽錯了，不敢相信地又問了一遍。他把當年所得利潤的一半分給了職工。

增加工資一事在工人中產生了良好的影響，一位工人的妻子說：「日薪提到五美元後，丈夫把第一個禮拜的週薪三十美元拿回家時，高興得連晚飯也吃不下。我們的兒子再不必當報童了，女兒再不要去幫傭了。現在我們的家庭生活可說是幸福美滿。」

福特工廠一片祥和氣氛，到福特汽車公司謀職成了底特律人的嚮往。當報紙報導這件事後，福特汽車公司很快就被求職者的來信所淹沒，聲明發出後不到一星期，公司應徵辦公室就收到了近一萬四千封求職信，兩個月過後每天依然會收到約五百封。

更嚇人的是，消息公布後二十四小時內，就有一大群人集結在海蘭帕克工廠的各大門口要求聘用，工時的縮短以及班次的增加開放了約四千個職位空缺，很快就被填滿了，然而還有一萬兩千人親臨工廠求職。

據一家報紙說，他們很著急，有些人衣衫襤褸，蓬頭垢面，有些人看上去挺體面，都在嚴寒中排隊，最初還有些快樂氣氛，人們用木塊和樹枝生火取暖，每見到亨利·福特走過就大聲歡呼。

但情況不久就變得緊張起來：人們失去了耐心，他們毀壞了一道木製隔板，開始推著用來保護高地工廠入口的金屬柵欄，還不讓公司員工進廠工作。

底特律警方起先還想以平和的方式加以勸阻，但沒能成功，不得已動用了消防水龍頭。於是騷亂爆發，抗議者扔磚頭，揮舞枯枝大棒，地上有什麼就順手操起什麼對著工廠狂轟濫炸。警方最終倒是控制了局面，帶走了幾個挑頭鬧事者。

這件事又給了其他企業家攻擊福特的口實，把福特的濟世救民說成是死路一條的烏托邦，沒有罪狀的經濟破壞者。他們說，如果其他公司也跟著仿效福特，那會毀了整個國家經濟。

福特的這次行動的確使很多企業工人千方百計企圖跳槽到福特來。福特後來不得不指示：只能招收真正的失業者，不許挖其他公司的牆腳。

提高工資，縮短工作時間，以及文明的生產環境，使得福特汽車公司充滿了勃勃生機。已經萌芽的勞工運動迅速平息，工人變動率降低至百分之九十，缺勤率也由過去的每天百分之十降至百分之零點三，工人都特別珍惜這份工作。

福特汽車公司的職工們開始有了一種幸運感、光榮感，當他們外出參加活動時，總是自覺地戴上福特汽車公司的徽章，公司內部充溢著一種團結祥和的氣氛，員工也更自覺地維護公司利益。

福特成功地培養了他的工人愛廠敬業的精神，雖然增加了一千萬美元的成本，由於公司業務蒸蒸日上，此後三年公司盈利分別達到三千萬美元、兩千四百萬美元、六千萬美元，超過調資前任何一年。

日薪五美元造成的影響將亨利．福特的形象塑造得更加光輝，他真正成了美國的大名人。儘管不久這點增長額為通貨膨脹所抵消，但是此後，高工資、高消費刺激生產的原則在美國一直延續下去。福特發現這一經濟規律比凱因斯要早二十年。

大批聘用殘障人士

隨著美國逐漸發展成為一個金元帝國，世界各地的大批夢想淘金的人紛紛湧入美國。

在一九一三年至一九一四年間，移民的人數就有一百四十萬人。這些移民大都身無分文，又無一技之長。他們喜歡聚集在大城市，聽天由命等待機會。由於生活無著，住得擁擠，衛生條件極差，許多人就自甘墮落，酗酒賭博，賣淫嫖娼。

底特律因為汽車工業的急遽發展，向外界提供了大量的工作職位，成為一個對移民有吸引力的城市，因而迅速由一個安寧、古老的殖民城市搖身一變成為一個繁榮的大都市。在這裡「遍地是黃金、娛樂和死亡」。城裡有一千六百家營業酒館，還有一千家地下酒館，鴉片館、賭場、妓院至少在五百家以上。

那些在汽車廠找到了事做的移民大多住在提供食宿的公寓裡。這種公寓，住的人員無論是國籍還是職業，五花八門，極其複雜。福特公司對雇員的生活不是放任自流的，他將自己有序、整潔的生活準則也貫徹到他的公司中來了。

為了指導工人的生活，防止公司員工及其家庭受到社會的不良影響，公司專門成立了一個社會部。社會部的工作人員分片包幹，他們來到底特律的各個居住區，調查他們職工的婚姻、宗教、儲蓄、健康、嗜好等情況，幫助或者指導他們尋找生活環境比較好一點的住所。

社會部的工作，保證了福特員工文明的素養，同時這項工作也為福特公司家長式的統治打下了基礎，誰要是沒有按公司制定的規範生活，誰就得不到跟其他人一樣的待遇。有人認為這過多地干預員工的私生活，後來也遭到了人們的非議。

這時的福特工廠有兩萬多職工，他們當中的百分之七十一是來自二十二個國家的移民。各國移民的生活習慣各自不同，更嚴重的是他們大多不會講英語，思想無法溝通。為了解決這個問題，福特動員了公司的一百五十位工頭，充當業餘教師，開設了英文培訓班。

一切都要求合乎科學的福特，對於工廠的每一個部門，都做了徹底的調查，然後，再加以分類，發現工廠裡有七千八百八十二種不同的工作。

其中需要體格健壯人的工作，不過九百四十九種，三千三百三十八種是一般人都可擔任的，另有三千五百九十五種是婦女也可勝任的工作。其中沒有兩腿也可擔任的工作，有六百七十種，一條腿的人可做的工作有兩千六百三十七種，一隻手的人可做的工作有七百一十五種，盲人可做的也有十種之多。

於是，福特對於殘疾人也敞開了就業之門。公司招收的女工比當時當地的其他公司都多。她們的薪水也較其他公司高。在施行日薪五美元的制度時，福特囑咐人事部門，只要不是傳染病患者，就可以招收。對於在公司受傷的工人，也不得以殘疾為理由辭退。

在福特工廠工作的殘疾人數，一九二三年共有九千五百六十三人。其中一百二十三人是沒有手或手臂的，有一個人甚至兩手全無。另外還有四個人全盲、兩百零七人瞎了一隻眼。三十七個啞巴、六十個病患者、四個沒有兩條腿的。

這些殘疾者，經過嚴格的能力檢查，然後分配適當工作，每一個人都恪盡職責，所以，他們都與普通工人一樣，最低工資也在五美元以上。

有一個雙目失明的工人，擔任螺釘計算工作，效率竟為一般工人的兩倍。福特發現，眼睛看得見的人，做這種工作，總是三心二意，不大認真，認為這是小孩子的事情，但現在由這個盲人來做，一天竟賺到六美元，對福特公司來說，他與其他熟練工人一樣，是一個很重要的工人。

工人患了病，送往醫院去醫治，在治療期間，支付工資一半，醫藥費工人自行負擔，但可預支工資，避免有損工人的自尊。

病人稍見起色，能夠起來工作的，即在床上鋪上黑漆油布，開始工作。福特工廠經常有十五至二十個像這樣的患病工人在工作，他們的工作效率，也較一般工人強兩倍以上。

福特工廠還特意安排了一棟特別的房子，這是給肺結核病人工作用的，而且福特一再聲明所有殘疾人跟一般人的工資標準是一樣的。

如果在其他地方，殘疾人是很難找到一份工作的，因此，這些人對福特工廠懷著一股感激之情，幹活比一般的員工更加賣力。工廠還雇了好幾百名出獄的犯人，其中有些是假釋犯，通常他們比守法的工人還努力。因為他們知道，不是每個公司都歡迎他們去工作的。

沒有一把鑰匙能打開所有的鎖，福特的日薪五美元也不是令每一個工人都滿意的。五美元的待遇就意味著五美元的壓力和要求。

一位愛爾蘭移民職工的妻子寫給福特的信中說：

我以一位職工妻子的身分，向您投訴，若有冒犯之處尚請包涵。我經多方面考慮，毅然決定呈上這封信。

對於丈夫的調薪我們由衷感激，但事實上，海蘭帕克工廠的作業方式無異於南北戰爭前的奴隸制度。我的丈夫由於工作的負荷和夜班的增加，幾乎喪失了人性。

賢明的福特先生，相信您應了解人絕非機器，不能光工作而不休息。近日來，我經常祈求上帝讓我的丈夫不要每天從工廠回來後，總是精疲力竭地躺下。

一天五美元的薪水，雖是您的恩賜，但是如此的作業制度十足毀滅了我的家庭。

這封信對於福特來說，猶如當頭一棒，給了他重重一擊。接下來的一段時間，那位員工妻子的信一直困擾著福特，第二個禮拜天，福特在妻兒的相伴下，來到迪爾本教堂，想尋求幫助，他以虔誠的口吻對司祭長瑪吉斯說道：

司祭長，這一次我把工廠職工的薪資增加到一天五美元，本是希望能製造出更好的汽車，但是事實和我的想法相反，我想請教您的看法。是不是我對職工過分恩惠了，或是違背了上帝的旨意？

我相信我所做的已產生了影響。我想今後將會有成千上萬的新勞工加入汽車生產行列。我希望建立一個更寬厚、更人道的企業組織……

瑪吉斯由此對福特充滿了崇敬之情，後來，他辭去了司祭長的工作，成為福特汽車公司的一員，擔任工廠新成立的福利部顧問，並兼任社會部的負責人。為了解情況，他走訪福特汽車公司的員工，根據自己的所見所聞，有效地開展福利工作。

薪資改革制度之後，福特非常注意職工們的反應，隨時調適職工的生活，尤其是那位職工妻子的信，更使福特深深認識到關心照顧工廠職工生活的重要性。工作應該是人生最大享受，而不會令人憎恨。對獻身於事業的人，應由事業上得到最大的報酬。

在結束了一天的工作後，職工們並不只單單需要物質上的報酬，他們更熱烈期待的是家庭的溫馨。像這種追求物質和心靈滿足的職工，對工作的熱誠心一定很高，這對他個人及社會都是好的。物質生活提高後，接下來就要改善精神層面。福特公司應該是國家全體人民生活水準的代表，甚至是其他國家追尋的目標。

福特本人不追求很高的物質享受，他的生活甚至可以說是儉樸的。他沒有什麼不良嗜好，不喝酒、不吸菸，西服也只有五六套。他總是把他的薪水、獎金和股息都投到生產上去，他計劃把工廠再擴大兩倍，汽車價格降至三百美元以下。

福特不需要拚命賺取利潤，他覺得錢賺到某種程度就行了，超過一定的程度反不如把額外的利益用在降低售價上，讓顧客也得到好處。一九一四年七月，他又出了一個新招，宣布：如果他的汽車在今後的十二個月內售出三十萬輛，那麼每個購車者將會得到五十美元的返利。

這一招果然靈驗，一年後得到了實惠的客戶們個個成了福特公司可靠的廣告宣傳員。福特被譽為現代第一位將大規模消費和大規模生產結合起來振興經濟的企業家，他成了人們崇拜的偶像，連一些工人運動的領袖也在歌頌他，稱他為著名的社會主義改革家、歐文第二，甚至比歐文更偉大。

一九一六年，福特公司製造了五十萬輛汽車，T型車售價降至四百五十美元以下。雖然售價降低，但公司獲利高達六千萬美元。福特的社會部負責人瑪吉斯牧師說：「福特先生從未把他的計劃當作一種救濟，福特和他的工人們都是為了各自的利益而工作。」

正如福特解釋他的日薪五美元的意義時所說：這樣做對於他本人體現了他生活的意義，對於工人來說，則是他們本應獲得的勞動報酬。

福特以日薪五美元的工資僱用殘障人士，並且積極開展工人福利，這給他帶來了巨大的聲譽，同時也推動了公司的快速發展，公司上下齊心協力，都在為各自的目標共同奮鬥。

致力於全民事業

上帝不允許我們對一個需要幫助的人冷漠無情。人類的同情心是一種非常優秀的品質，冷漠、自私是無法取代它的。

——福特

開往歐洲的和平船

一九一四年六月，奧匈帝國皇太子斐迪南在薩拉熱窩被刺，導致了第一次世界大戰的爆發。這之前，正是歐洲工業文明快速發展的時期，美國的工業也正在奮起直追。戰爭的爆發直接影響了社會的進步和發展，這無疑是令人痛心的一件事。

福特認為，美國人民天生就屬於樂觀派，單純而又高傲自大，他們總是夢想規範整個世界的秩序。他覺得美國捲入這場戰爭是必然的。

福特雖然沒有上過很多學，但他三十多歲時曾讀過一本《大問題一瞥》的書，這本書對他的世界觀形成影響非常大。他也相信輪迴學，認為人生既有前生也有來世。他一生踏實勤奮就基於這樣一種信念：萬事萬物皆有生有滅，只有對後人仍有意義的東西，才能稱得上是永恆，他自己就在創造這種永恆。

福特一直奇怪地認為自己的前生是美國南北戰爭時的戰士。他出生的那一天恰好是蓋茲堡戰役結束的時候，他認為自己是這次戰役中死去的某個士兵的再生靈魂。因此，他特別反對戰爭和流血。

在一次記者招待會上，福特說，戰爭是金融財閥和軍火商人的願望，誠實的人永遠都在踏實工作。

福特汽車公司早在一九〇三年就開始開拓海外市場，那時候就已成為一家跨國公司了，它的分公司和代理商遍布整個歐洲。福特也曾經到他海外的領地巡視過，當地政府對他的來訪都十分關注。福特也很早就意識到自己在國際事務上的影響力了。

有一次，底特律《自由報》的一位記者黛拉維尼採訪福特，詢問這位汽車大王對戰爭的看法。福特明確地表示了自己的反戰態度，他說他寧肯關閉工廠也不去製造軍車，並表示願意拿出一百萬美元作為促進世界和平的基金。他最後還說只要能夠阻止戰爭，他情願放棄他所有的一切。

黛拉維尼記者立刻把他跟福特的談話報導出來。《自由報》第二天早上的頭條新聞就是：《亨利．福特致力於全球和平運動》。但是關於反對戰爭的事，福特並沒有跟公司的高層管理人員商量過，這完全是他自己的想法。

福特還建議要給每一位購買福特汽車的客戶附贈一本小冊子，號召全體美國人民反對戰爭。庫森斯知道這件事之後，堅決反對福特的「假仁假義」，說那不過是標新立異，故作驚人之舉。庫森斯勸說福特不要因無謂的慷慨而招致不必要的麻煩。

而福特本人把庫森斯反對自己的看法看成是個人的原因，他以為庫森斯是英格蘭人，他支持美國參戰，幫助協約國是從個人感情出發。當庫森斯發現無法說服福特回心轉意時，便決定與福特分道揚鑣。

福特可能也感覺到他和庫森斯之間的緣分已盡了，他只是勸庫森斯不要衝動，要三思。當然，庫森斯肯定不是一時的衝動，他早已考慮過了。庫森斯認為，自己不可能跟福特永久地合作下去，他們倆的崢嶸歲月就這樣結束了。

就在庫森斯提出辭職的那天，福特發表了聲明，明確表示了自己反戰的立場。他憤憤地指責一些財閥向協約國提供五億美元貸款的做法。他說：「應把那些破壞和平的金融家裝在罐頭盒裡運出國。」

恰巧，在荷蘭的海牙，曾有一個世界婦女大會也在這年四月舉行，史基威摩，一位匈牙利籍的猶太女記者，也是此次大會的參加者之一。她將芝加哥大會中決議的「持續性調停運動」又一次提上議事日程，積極促使海牙大會也支持這一運動。

史基威摩女士希望能得到當時的美國總統威爾遜的支持，決定將「持續性調停運動」的決議案親自呈遞給他。她雖然榮幸地得到威爾遜總統和藹可親的接見，但由於當時的威爾遜總統採取的是不介入政策，所以史基威摩提交的決議案未置可否地被扔在了一邊。

失望之餘，史基威摩女士要求與福特見面。她的這一要求被熱心的瑪吉斯牧師傳達給了福特，促成兩人順利見面會談。於是，福特在史基威摩女士的影響下開始涉入調停運動。

史基威摩女士不僅是一位氣質非凡的女記者，同時也精於鋼琴，是一位頗有名氣的鋼琴家。她身材修長，穿著樸實，姿態優美，氣質高雅，藍色的雙眸炯炯有神，算得上是一位美人。

福特邀請史基威摩女士到他鄉間的別墅共進午餐。福特在他的家鄉迪爾本買了一片一千六百萬平方公尺的土地，建起了一座小鳥和小動物的樂園，還在家鄉的洛格河邊建了一座別墅。

那天陪同史基威摩女士來到迪爾本的還有那位記者黛拉維尼和芝加哥的一位和平主義者拉克拉，他草擬了一份和平計劃，那就是「派遣一艘開往歐洲的和平巡禮船，除了訪問各參戰國的港口之外，並向各參戰國元首闡明戰爭的不明智」。

史基威摩女士的這個「和平使節團」的建議深深地打動了福特。他默認了拉克拉的計劃，決定週末到紐約走一趟，跟一些美國的和平運動領袖見面。於是，接下來的時間福特開始為維護和平、反對戰爭奔走。

福特自從上次跟夏爾登打官司後，很注意留心報紙上有關自己的新聞了，特別是經過日薪五美元這件事，新聞界大加渲染，使他成了全美家喻戶曉的人物，他的一言一行都為公眾所矚目。他重視這點，這是他人生價值的體現。當然，其中也包含有商業利益，不管他自覺還是不自覺。這一次，他要盡量利用自己的影響為和平而努力。

十一月二十二日，福特與反戰人士史基威摩、拉克拉等人在一起共進午餐。餐後，他們商談派代表團赴歐洲的具體事宜，並計劃好了行程。福特是善於把計劃化為行動的人，回到旅館後，他就把往返於美國和北歐航線的「奧斯卡二號」郵輪的頭等艙和二等艙位全部包下來。

第二天，他帶著這個計劃到白宮謁見威爾遜總統，力促官方來推動和平運動。

這條船的船名「奧斯卡二號」與它此時擔負的任務倒是名副其實的。「奧斯卡二世」是瑞典一位溫和的國王，瑞典和挪威分裂成兩個國家而沒有發生戰爭與他的努力分不開，所以他在國際上素有調停者的美譽。

福特在總統府請總統以官方的名義派和平使節團前往歐洲調停，他保證，一切費用由他承擔。但威爾遜總統的回答是：「福特先生，你想調停戰爭，維護和平當然是一件很好的事，但是，要維護和平，也許還有更好的方法，所以非常抱歉，我雖然身為總統，卻不能贊同你的計劃。」

福特固執地說：「可是我已包下了『奧斯卡二號』，為了和平，請總統好好利用它吧！」

接著福特還邀請總統的女兒、女婿一同前往。威爾遜總統更感到無法接受，福特只好對總統說：「既然計劃不被採納，就只有自己去完成它了。」

福特失望地從總統府回來後，第二天舉行了一個記者招待會。這個記者招待會是早已經安排好了的。他原來準備講的「讓壕溝裡的軍人回家過聖誕節！」的主題此時不得不換種口氣說了。

福特在大庭廣眾之下本不善言辭，加上白宮之行令他失望，這下他嘴裡就更沒詞了。他對記者們說道：「女士們、先生們，只要是有良知的人，都會為謀求人類的和平、幸福而努力，所以我預備組織和平巡禮船前往歐洲調停，希望能趕在聖誕節前把戰壕中的士兵們全部撤回，而且我也竭誠希望愛迪生，以及百貨大王華納能共同參與，支持我的計劃。」

而克萊拉知道福特此行兇多吉少，她特別擔心福特不能平安歸來。可是福特的決心比她更加堅決，她只好將丈夫囑託給公司的隨行人員瑪吉斯牧師照顧。

此時德國潛艇一再擊沉保持中立的美國船隻的事件激怒了美國人民，要求美國參戰的呼聲日益高漲。福特的和平船計劃似乎得到不輿論的支持。主戰派諷刺福特說，如果「奧斯卡二號」也被德軍擊沉了，那才是自討苦吃。

但是福特決心一幹到底，不過他把自己的目標降低下來了，他明白光靠這個計劃不可能實現和平，他只希望透過自己的行動驅散一點籠罩在每個人頭上的戰爭硝煙，讓那些戰爭狂更加清醒一些。

一九一五年十二月四日下午兩點多，「奧斯卡二號」從哈德遜河口的霍博肯港碼頭起航，那是一個大霧迷漫的嚴冬。此前，下午一點左右，一輛T型轎車出現在岸邊，托馬斯．愛迪生從車裡走了出來。一看到這位偉大的發明家的身影，等候在碼頭上的人們便高聲地呼喊起來。

愛迪生盡力撥開人群，彷彿很著急的樣子走到岸邊。但當他被告知福特還沒有上船時，馬上對擁擠在周圍的記者說道：「我不是來搭船的！我也不會參加這個和平運動。我承認福特曾邀我參加，但是現在我只是來告訴他我不去了！」

福特除邀請愛迪生搭乘「奧斯卡二號」外，還邀請了前國務卿威廉布萊恩，以及全美各州州長、文化界泰和好萊塢的名人們。布萊恩曾熱烈地提倡反擴張、反帝國主義，並曾三度被民主黨提名為總統候選人。

愛迪生離開碼頭後不久，北達科他州的哈納州長和他的祕書在下午一點三十分左右上船。大約兩點十分，在克萊拉和人數眾多的祕書團的陪同下，福特到達碼頭。

當時霍博肯港的碼頭上到處都是前來送行和搭船的人，連碼頭倉庫的房頂上都站著很多人。福特出現後，事先準備好的兩個樂團一齊奏起了美國國歌，隨後又齊聲高唱調停運動的反戰歌曲：「養兒不是為了送他上戰場……」

伴著奏響的音樂，福特跨進掛著「奧斯卡二號」的特別房間，越發讓人覺得意氣昂揚。他帶了十多名隨行人員，其中包括瑪吉斯牧師、祕書、打字員和速記員，當時，收音機的播放和接收的裝置設備還非常罕見，但「奧斯卡二號」上的這些設施卻很齊全，從一個側面也反映出福特式周密的預備工作體制。福特堅信史基威摩女士所說的話，一門心思地只想勸說歐洲各國停止戰爭。

船上有五十名代表團成員、四十四名隨行記者，此外還有一些行政人員，史基威摩女士也在船上。船的第一個停靠地是挪威，再到瑞典、丹麥、荷蘭等中立國家，一路呼籲和平。

在這期間，船上一位牧師問福特：「你不認為這項計劃是為上帝而做的嗎？」

「不，我從不曾想到什麼上帝，而且我也完全不懂這些，我只是為了人類自己的利益而已，世界和人民都渴望和平幸福。」

「難道你就沒有自己的信仰嗎？」

「當然有，我的信仰就是人類的善意。我認為只要相信別人，別人就會相信你，也不會背叛你。這是我和福特汽車公司的員工相處時，親身體驗到的。」

出發的第四天，福特致電各參戰國領袖，電報內容是：「鮮血已流得夠多，人民備受戰爭的折磨，物資的破壞也太大了。用槍砲彈藥是無法解決問題的，請在會議桌上和平解決吧！」

福特的呼籲根本沒有得到任何國家的響應。不久，從美國又傳來消息，威爾遜總統已把準備參戰的方案提交給國會進行議決了。

這個消息剛一傳出，和平船代表團成員中便有了意見分歧：一派堅決主張各國都應解除武裝，立即停戰，堅決維護和平；另一派則認為既然祖國已經準備參戰了，作為美國公民，即使持不同的意見，也應與祖國共命運，不要再從事與國家政策不協調的活動了。

而此時的史基威摩女士整天把自己關在房間中，拒絕參加所有的聚會和討論，也拒絕發表任何談論。人們背後說她像個大蜘蛛，正在結她的計劃網。

福特在船上已漸漸感到這次出行的不祥。他與人聊天，多半是談些與和平調停無關的事，話題一接觸他的和平計劃便會含混不清，整個旅途他只有一次感到輕鬆愉快，那就是他獨自一人溜到船艙下的輪機房，在本能的驅使下察看機器的運轉。

但沒多久，福特就病了，旅途還沒結束，心情再也沒好過。他把自己關在客艙裡，除了瑪吉斯牧師，不想見任何人。

一九一五年十二月十八日，「奧斯卡二號」抵達挪威首都奧斯陸。福特在船上患的病一天天加重。這天氣溫是零下十二攝氏度，上岸後，他們步行來到旅館，一進房門，福特就倒下了，助手們趕忙將他送到附近的醫院。

幾天後，福特的病情仍不見好轉，但他仍堅持出席了一次記者招待會。這一次記者們看到穿著醫院病人服、疲憊不堪的福特，沒有給他出什麼難題。福特倒向記者們談起了他剛發明的曳引機，他還沒有為他的曳引機申請專利，所以軍火商也可以製造它來賺錢，他希望他們停止生產武器，把坦克變成曳引機。

福特的病情仍不見好轉，反而嚴重了，醫生勸他立刻離開和平船代表團回國，不然病情可能更加惡化。他的助手瑪吉斯牧師有克萊拉的重託在身，也力勸他回國。福特躺在病床上，想起了跟克萊拉分別時的不安。

克萊拉擔心歐洲海域遍布水雷，怕福特這次遠行兇多吉少。福特當時還安慰克萊拉說：「我只是離開很短的時間，一個月之內就會回來。」現在差不多一個月了，而自己卻生病躺在床上，壯志未酬身先病，福特不得已，只得聽憑助手們將他送上次國的旅程。

在返程中，福特與瑪吉斯牧師談到他為什麼要花五十萬美元冒險組織這次行動，他說：「我不要錢，我要過一種和平的生活，為了使這個世界變得更美好。」

福特承認自己的失敗，但他不在乎別人怎麼說。讓他感到欣慰的是，他是個愛好和平的人，並且義無反顧地採取了爭取和平的行動。換言之，他以唐吉訶德的忠誠為自己的理想而付諸行動，從這一點看，他覺得自己的行動仍具有高尚的意義。

福特離開後，這個和平使節團並未因此受影響，他們繼續按預定計劃前往瑞典、丹麥、荷蘭。這些國家的人民對他們的歡迎出乎意料的隆重。瑞士、瑞典政府的知名人士，以及一批社會民主黨人、知識分子、女權主義者都表示支持他們。瑞典議會還通過了一項督促政府召開一次官方中立大會的決定。和平船的代表們在海牙發表了復活節《告交戰國書》。

儘管福特走了，留下來這部分人的費用仍由福特公司支付。不過他們最終也未能完成調停的任務，戰爭還是爆發了。

生產大量的軍用品

開往歐洲的和平船沒有完成使命，而美國參戰已成為既定的事實。福特不想逃避現實，因此，他表明，身為美國公民，就有保護國家的義務。他願意按照戰時的要求，調整福特汽車公司的生產計劃，配合作戰。

福特並不是一個固執毫無變通可言的人，何況他也不相信「勿以暴力抗惡」的道理，對德國屢屢擊沉美國商船的事，他也憤怒至極，甚至還設計了一款艦艇對付德國。

當美國對德宣戰時，著名發明家愛迪生、博物學家兼詩人約翰．保羅等一大批和平志士也站在祖國的立場上聲討德國的暴行。進入戰時狀態之後，福特汽車公司承接了政府和協約國一方大量的軍事訂單。

為了對付德國的潛艇，福特設計了一種只需一人操作的小型潛水艇。他的設想是讓它潛到敵艦底下，從很近的距離擊沉敵艦。但是美國海軍當局並沒有採納他的這項設計，給他的任務是生產一種稱之為「鷹」的新型驅逐艦。合約規定，福特公司應在十個半月內向海軍提供一百一十二艘「鷹」的新型驅逐艦。

福特汽車公司從未有過生產船舶的歷史。現有的生產設備與造船風馬牛不相及。這就必須新建一座工廠。福特部分利用了政府投資，在迪爾本的洛格河畔開闢了一片工業區。新的廠房按現代方式設計，廠房長八百公尺，高三點五公尺，全部是用鋼架和玻璃建成的。

「鷹」型驅逐艦由海軍設計，福特汽車公司負責製造。一九一七年七月十一日第一艘「鷹」的新型驅逐艦下水了。福特公司製造的廠房裡設有三條生產線，每條生產線同時生產七艘船。這是世界造船史上第一艘以大規模生產方式製造的船。

船首的旗幟上寫著：「一天一隻鷹，打跑德國兵。」福特在組織生產上確實令人敬佩。這艘戰艦並不算小，船上裝有防空武器和攻擊潛水艇用的深水炮，並且還裝有愛迪生新發明的潛艇探測器。

除了製造驅逐艦以外，福特汽車公司還為美國和協約國製造了大量的自由式發動機、一點五五毫米和四點七毫米的彈藥箱，還生產了監聽裝置、鋼盔、防毒面具、軍用卡車、救護車等。

福特汽車公司還想為美國軍方製造飛機。他設想能像生產汽車一樣，用大規模生產方式製造飛機，他的目標是十五萬架。但是福特並沒有一整套生產方案，他情願相信過去的經驗，即在幹的過程中，依靠自己的聰明才智以及公司全體員工的努力，可以把夢想變為現實。但是美國政府沒有接受他的主張，只交給他生產飛機引擎的任務。

福特汽車公司還為美國軍隊製造過裝甲車。做這種東西對公司來說是輕車熟路。畢竟不像飛機、軍艦，裝甲車有很多地方與汽車相類似。起初，軍方只要求福特公司改良原有的裝甲車。而福特公司造出的裝甲車重量只及過去的一半，但強度卻跟以前完全一樣。軍方感到很滿意，於是接著要求他們生產一種只容兩人駕駛的裝甲車。

新的裝甲車造出來後，在實驗中經受了槍林彈雨的猛烈掃射，仍能勇往直前。美國陸軍一口氣訂了一萬五千輛。幸運的是，它還沒有來得及在歐洲大陸耀武揚威，這場戰爭就結束了。

第一次世界大戰期間，福特公司總共生產了三萬九千輛軍車、四千台飛機引擎、六十艘驅逐艦，以及其他大量的軍用品。

戰爭期間，福特對公司員工高漲的工作熱情深感滿意，但他卻對那種普遍的狹隘的「愛國熱忱」非常厭惡。當時，有些人對那些祖籍德國或在德國出生的人都加以歧視。福特不贊同這種盲目的種族論。他說，不論是誰，只要他在為福特公司服務，就是公司的好員工；只要他在為美國服務，就是美國的好公民。

福特汽車公司有一位工程師叫彼特，出生於德國，負責軍用飛機發動機的製造。就因為這一點，董事會裡有幾位股東就主張將他調離軍工部門，福特堅決否定了股東們的提議。

這件事被新聞界報導之後，有人便無端猜測，說彼特是個熱愛自己祖國的德國人，他在福特公司軍工部門的工作接觸軍事機密，而董事長福特卻不肯將他調離，說彼特有可能洩密。

福特聽到報導後非常生氣。彼特早已加入美國國籍，並且宣誓效忠美國，他到福特汽車公司工作也已經有十二年了，是公司的模範員工，這次生產飛機發動機，是得力於他的努力才使福特汽車公司以最少的費用生產最好的馬達。

福特把誠惶誠恐的彼特找來，安慰他說：「你不要在意別人的想法，你是一位踏實忠厚的人，我了解你，相信你，如果他們要處你絞刑，我就在你之前上絞架。」

在第一次世界大戰期間，福特汽車公司的利潤只及戰前的三分之一，而且都是靠銷售民用車輛所得的，軍火生產沒有給他帶來任何的利潤。

福特說過：

利用戰爭賺錢，為牟利而生產武器，這是欺騙同胞，褻瀆高尚的愛國情操的行為，像這樣賺來的錢充滿血腥味，我分毫不要，假如生產軍火獲利，我一定會全數捐給國家。

為英國生產曳引機

第一次世界大戰爆發後，英國當局的海上運輸部隊受到了德國潛艇的重創。當時，不管是運送美國軍隊過海，為前線運送糧食，為盟軍運送軍火，還是為英國本土的人口運送糧食，英國日漸吃緊的海運能力已經完全無法應付了。

為了解決糧食危機，英國當局決定在全國進行農種計劃。當時的情況已經很嚴重了，沒有足夠多的牲口犁地和耕種，糧食產量還不及從外國進口的零頭，而機械化農業對於那時的英國來說幾乎聞所未聞，因為戰前英國的農場規模都很小，完全沒有必要去購買沉重、昂貴的農業機器，尤其在當時英國國內的勞動力非常充足和廉價。

英國的工業部門也試圖製造曳引機，可他們的動力還是蒸汽機，比較笨重。甚至製造這樣的曳引機都很難，無法生產得更多，當時所有的工廠都在集中生產軍火。即使當時有工廠生產這種曳引機，但是製造出來的曳引機太大、太笨重，無法用於一般的土地耕種。所以，對於英國的農業來說這樣的情況已經可以說是至關重要了。

恰好這個時候，福特在英國曼徹斯特放了幾台曳引機，當時只是為了展示。這些曳引機是在美國生產，在英國組裝的。英國皇家農業委員會看到這一情況，便請求英國皇家農業協會對這些曳引機給予測試，並提出書面報告。就這樣，有了下面這份報告：

應英國皇家農業委員會的請求，我們檢查了兩台福特曳引機，功率為二十五馬力，用途為耕地。

首先，對一塊很堅硬而且很難犁的休耕地進行交叉犁，隨後犁了一塊土質鬆軟、雜草較多的地。我們認為，這樣能夠測試發動機在平地和有陡坡的山地的運轉情況。

在第一次測試中，我們用的是奧利弗雙燁犁，犁出平均為十三公分深、四十一公分寬的壟溝。接著我們使用庫克薩特三燁犁，犁出了十三公分深、二十五公分寬的壟溝。在第二次測試中，使用了三燁犁，犁地的平均深度為十五公分。

兩次測試中，曳引機都能輕鬆地工作。經過計算，一英畝地所用時間為一小時三十分，每畝地消耗二點三三加侖的柴油。對這兩台福特曳引機的表現，我們非常滿意。

之後，我們又到了曼徹斯特特拉福德公園的福特工廠。在工廠工廠，我們打開了一個發動機，進行了仔細的檢查。我們發現，發動機的設計很合理，品質也是第一流的。我們認為駕駛輪相當的輕。我們意識到，一種新型的力量更大的車型將來會很快得到普及。

這種曳引機的設計純粹是為了在土地上能自如地工作，輪子上面裝有草鏟，只要再加入一些保護措施，它就能在道路上行駛而不至於破壞路面了，從一座農場轉戰到另一座農場也會方便得很。

綜上所述，我們建議立即採取行動，與福特公司聯繫，盡可能多、盡可能快地製造這種曳引機。

在上面這份報告提交沒多久，福特馬上收到了下面的這份電報：

親愛的福特先生，您好：

現在，英國對糧食生產的需求非常急迫，大批量的曳引機必須要盡快、再盡快地弄到，以趕得上犁開雜草叢生的田地來播種秋小麥的絕佳時機。

為此，我謹受最高權力機關之委託，向福特先生請求支援。您能否派蘇納倫先生和其他人員帶著必需的設計圖紙來英國，並把他們借用給英國政府？這樣，零部件就能在英國國內進行生產，並在蘇納倫先生的指導下在我國政府的工廠裡面組裝。

我將以我的名譽向您絕對保證，這純粹是根據國家利益而提出的，如果一切順利的話，將由政府為人民而生產，這其中沒有任何商業性的或牟利性的意圖，也絕不會有任何團體從中獲利。

情況萬分緊急，我們無法從美國運來所需的一切，而同時我們又急需要上千台的曳引機。我們的專家認為福特曳引機是最好的並且是唯一適合我們的。因此，我們國家的需要完全繫於福特先生的設計。

因為工作的原因，我無法脫開身，親自到美國遞交這份請求。請您務必予以關照，並立即作出決定，因為每一天對我們來說都是至關重要的。歡迎蘇納倫和任何您能從美國派來的人給予幫助和指導。

請電覆：佩里．哈丁．普羅多姆管理處，倫敦。

普羅多姆

福特收到英國方面的電報後，立即回電表示完全同意出借圖紙，所有寶貴的圖紙和必需的人員，都讓蘇納倫帶著去了英國。蘇納倫創建了曼徹斯特工廠，全權負責在英國的曳引機生產。

福特工廠使用的許多部件都很特殊，在英國所有可以進行鑄造和機件加工的工廠都在忙於生產軍火。可以推想，英國內閣很難招到一個競標者了。加之，其間倫敦又遭受了一系列的空襲，形勢更加緊迫了。最後，在同英國差不多一半的工廠進行了談判，終於勉強找到了幾家投標人。

當英方負責人米爾納爵士把這些投標人的情況給蘇納倫看了之後，蘇納倫先生直搖頭：「這個價錢根本沒有任何的依據，這些曳引機每台不會超過七百美元，這裡最低競標價竟然是每台一千五百美元，還不保證送貨。」

「你能按七百美元的價格生產五千台嗎？」米爾納爵士問道。

「能！」蘇納倫肯定地回答道。

「大概要多長時間能交貨？」

「我們會在兩個月內開始交貨。」

給英國生產曳引機的合約就這樣當場簽訂了。

那時福特汽車公司還沒有準備生產曳引機，只是在預備的階段。福特的每個工廠也都處在製造軍需品的緊張時刻，他們的海蘭帕克工廠還在日夜不停地生產軍用物資，根本沒有多餘的生產線來生產這樣大型的曳引機。

福特早就想建一個新廠了。海蘭帕克的規模雖大，但還不能適應公司業務的增長，同時，福特還有個想法，公司是他費盡心血建立起來的，其他的股東除了投資外，再沒有對公司作過貢獻，而每年優厚的紅利卻照拿不誤。

福特不想與這些坐享其成的人共用一個鍋吃飯，決心另立門戶。再加上為海軍造船，政府同意為他的新廠投資。因此，藉著這個機會，他在迪爾本的洛格河與底特律河交匯處選中了一塊八百萬平方公尺的地皮，建起了一座新廠。

美國早在一九一二年以前就有幾個公司生產曳引機，它們的實用性很差，並未成為一種能廣泛應用的農業機械。福特的T型車在設計時就有意識地考慮到能將其後輪卸下，裝上皮帶，帶動抽水機、碾殼機之類的農業機械，因此大受農民的歡迎。

新廠建起來後，福特在那裡裝備上用電報訂購、用特快列車來運送的機器。他信心百倍，因為終於可以造一台跟T型車一樣，既靈活輕便又結實耐用、價格便宜、每一個農民都買得起的曳引機了。

福特公司在一九一七年完成了一台性能優良的曳引機的製造工作。他最感滿意的就是曳引機的重量輕、力量大。曳引機的長度跟T型車差不多，用途非常廣，除了農田耕作，還可作為固定動力使用。操作方法也很簡單，即使是那些對機械一竅不通的農民，也能一學就會。

樣車製造出來後，福特就不斷挑它的毛病，想進一步做些改進再投入批量生產。可是英國方面卻在不斷催促他們：「我們現在正急著要用曳引機，貴公司的產品已較其他公司的優異很多了，請你們立刻製造生產吧，我們已不能再等了。」

福特不得不答應英方的請求。在短短兩個月時間裡，他們的第一台曳引機就在紐約碼頭轉交給了英國。可惜，英國方面當時沒有找到足夠大的貨運艙位，不過，在一九一七年十二月六日，福特收到了對方佩裡的電文，說第一台曳引機已經收到，並且要求持續供貨。

就這樣，在三個月內，福特汽車公司生產了五千台曳引機。而曳引機運到英國後，確實造成了很好的效果。英國的婦女開著福特的曳引機在私人農場的土地上和高爾夫球場上進行著翻耕，當時差不多所有的英國土地都種上了糧食。但是如此廣闊的農田卻沒有讓一個在戰爭前線或軍工廠裡揮汗如雨的男人回來耕作，英國人民在共同努力下度過了危機。

對於福特高效的生產運輸行動，英國的官員很感激地說，如果沒有福特的曳引機，英國就不可能對付糧食的危機。而這也是為什麼這種曳引機在美國被人認識之前就已經在英國使用很久了的緣故。

福特製造曳引機的想法確實早於製造汽車。農民需要一種新的機器作為動力，來帶動已有的工具。福特曾經扶犁耕過地，但那是需要馬拉的那種，他疲憊地跟在馬屁股後面。福特深刻地體會到，那真是一件苦差事。如果農活都用手工和畜力去幹的話，一個農民只能掙得滿足溫飽的生活，而且農產品也不會達到便宜而豐富。

這樣看來，福特的第一批曳引機是讓英國農民使用的，而第一次供美國使用的是一九一八年，售價為七百五十美元。第二年，因為成本升高了，售價是八百八十五美元，但是還沒有到年底，他們的價格就又調整到七百五十美元。在一九二〇年，福特曳引機的售價是七百九十美元。

一九二一年，福特汽車公司對曳引機的生產環節大大地熟悉了，這極大地降低了成本，這時，他們又將售價定為六百二十五美元。之後在一九二二年，隨著新的生產方式的採用，他們又一次降低了曳引機售價，每台三百九十五美元。

福特深信，只要按照科學生產就能降低價格，只要你願意為消費者降價。福特認為曳引機應該便宜，這非常重要，否則動力無法在所有農場得到普及。

自從福特曳引機普及後，大大解放了勞動力。三千畝農田播種小麥時，從福特公司叫來好幾百個工人，利用福特曳引機，轉瞬之間，不但土地耕完了，還做好了田埂，播下了種子。這樣，用曳引機耕地的時間只是用馬犁地的四分之一，犁地已經成為一件讓曳引機在田地裡隨意馳騁的事情了。

等到小麥成熟時，再從工廠叫來工人，使用福特收割機，時間不長，這三千畝的小麥收割完畢。工人和在工廠一樣，每天工作八小時，打麥的時間也僅用四天。收割後，再翻鬆泥土，也只要五天半的時間。

就這樣，福特曳引機成了農民的好幫手，一度風靡歐美市場。

建立龐大的家族企業

一九一五年，福特跟庫森斯分手時，是出於意見不統一，難以合作共事。表面上是對戰爭與和平的看法不一，實際上是庫森斯對自己長期生活在福特的陰影下不滿。

福特沒有庫森斯的幫助是不可能成為今天的福特的，但是公司的一切成就只能記在福特的名下，更因為福特也越來越不願聽反對意見。

庫森斯是個精明能幹的人，又對從政有濃厚的興趣，所以他自己提出了辭職，投身政壇。不久即當選底特律市長，後來又進入美國參議院，但他在公司仍持有自己的股份。

福特跟另一位股東道奇兄弟分家就不那麼簡單了。他們之間有直接的經濟利益衝突。

一九一三年，在馬克摩遜與福特分手之際，道奇兄弟便辭去了福特董事會董事之職，並宣布道奇兄弟公司一年後停止供應福特零件，決定自己生產汽車。不過他們仍持有福特公司的股份，他們將每月從福特分到的巨額紅利投資到自己的汽車公司，成為福特公司的競爭對手。

福特當然不願乾花錢打擊自己的傻事，更何況當前急需資金開辦新工廠。

一九一六年冬天的一個早晨，他在總工程師維爾斯的陪同下，走進道奇兄弟倆的辦公室，告訴他們，福特汽車公司所有的股東今後拿的紅利以一百二十萬美元為限，餘下的利潤，公司將全部用於擴大再生產。

福特自認為，他限利分紅的決定是公正無私的，他自己手持福特公司百分之五十一的股份，身為最大股東，要說受損失，首當其衝的是他自己，他的股份是道奇兄弟的六倍，損失也是他們的六倍。

道奇兄弟認為這是福特企圖獨占公司的計劃，對此，他們並無意見，他不滿的是福特對待他們的手法，而其中最不滿的一點又是福特的減價政策：這個時候，福特又再次提出要降低T型車的售價。本來福特汽車供不應求，完全可以漲價，但福特不但不漲，反而降價。道奇認為減價的目的就是不願分利息給他們。

這一年的十一月，兄弟倆向法院控告福特公司，要求停建新廠，按過去的分配方法，立即支付他們應得的一千九百萬股利。審判進行了三個月，法庭最後判決：「可以擴建工廠，但股東的紅利不能裁減。」

福特對這個結果十分不滿，便決定辭去福特公司董事長的職位，另外在洛格河組建一個與舊公司無任何牽扯的新公司。他要把精力集中在這上面，他早已對與這些股東們打交道感到厭倦了，他要的是一個完全聽命於自己的公司。這個公司的規模應是舊公司的四至五倍，製造與福特公司完全不同的汽車。

其實，早在打官司之前，道奇兄弟就阻止過福特辦新廠的企圖。他們主要擔心辦更大的廠，賣更便宜的車，損害股東利益。福特明確地告訴他，股東早已賺回了自己的投資，現在公司賺的錢不再分紅，用來辦廠。

道奇兄弟針鋒相對地說，如果福特要用公司的錢為所欲為，他就應該買下其他股東的股票，讓它完全成為他的私家公司。道奇出了個價，但福特不予理睬。

道奇的建議是合理的，但福特此時對他們早存反感。至於怎樣對付他們，福特是胸有成竹的。

福特辭去董事長職位，把它交給兒子埃茲爾管理，但仍保留董事的職位。他辭職後，廣泛宣傳將建一個新的私家公司，不僅生產曳引機，還要生產一種比T型車更為先進、更為便宜的汽車。於是報界又炒起了福特的新聞，說是汽車業又將有新產品，價格僅兩百五十美元一輛。

新聞一傳出，T型車的銷路立刻受到影響，埃茲爾煞有介事地平息市場風波，說新車從設計到投產尚有兩三年時間，該買T型車的還是買吧！

福特父子將成立一個新公司，而且比現有福特公司更大，那麼福特的信譽、福特的技術、福特的市場都將隨之而去，舊公司便不打自倒，股東們的股票又價值幾何呢？當此之時，股東們紛紛提出退股。

福特只是到這時才將道奇兄弟、庫森斯等幾個股東的股票全數買下，出價自然是由不得那些股東了。但是與別的公司比，也還是夠可以的了，特別是對庫森斯，他以每股一萬三千美元的價格收回。

庫森斯當初借他親戚兩百美元，湊足兩千五百美元投資，到此時賺了三十六萬美元。道奇兄弟的股份最終也是以一萬兩千五百美元一股收回的。這些股東們的回報率可說在商業金融界是史無前例的。

不過最大的贏家還是福特，他以一點零五億美元的價格買下了餘下的百分之四十一點五的股份，使公司資本總額達二點五億美元，幾年後翻為十億美元。這筆財產通通為福特、埃茲爾和克萊拉所有。

當時，福特一家分配了份額：福特占百分之五十五、埃茲爾占百分之四十二、克萊拉占百分之三。福特成為美國資本主義最大的企業主，鼎鼎大名的洛克斐勒在全盛期也不過擁有標準石油公司七分之二的股份。

福特汽車公司成為福特家族的私家公司，福特再也不必提建新公司的事了，他真的可以心隨所想地規劃自己的事了，那就是在洛格河建新廠，一個更加現代化的工廠。

公正地說，如果沒有擺脫那批每年坐等分紅利的人，福特是不可能實現他的偉大抱負的。那批人只關心自己的利益，而福特注視的則是推動產業革命，造福人類。

福特將建新廠的事報導出去後，全美有五十多個商會邀請福特到他們那裡去投資。

早在一九一五年七月，即和平船事件之前，福特就帶著蘇納倫等人為新工廠尋找地址，他看中洛格河這片地方主要是因為此地靠近鐵路，處於洛格河與底特律河交匯處，河道最終流入五大湖，通向海洋。他的工廠將直接在這裡生產原料、燃料、零件，直至成品車，最後福特汽車經五大湖由自己的船隊運往全世界。

新工廠占地八十萬平方公尺，是一片廣闊的沼澤地。漲水季節容易被水淹沒。很多人勸福特不要在這裡選址。福特當然明白這點，但是那種一貫作業的方式極大吸引他了。

原來，吸引福特的是洛克斐勒的標準石油公司從井架、管道、煉油裝置、開採、儲運、出售一條龍到底。杜邦公司、奇異公司也是這樣，這種自成一統的工業王國好處是不言而喻的。

海蘭帕克工廠雖說早已實行一貫作業，但那只是從零件到整車的過程。福特還想擴大範圍，他要用本公司的船隊、鐵路將原料運來，自己生產鋼材、木材、橡膠，從工廠另一頭出去的是汽車，實現完全的自給自足。

福特已看到，如果所有的原料都依賴外界供應，不但價格容易波動，更可氣的是有些投機倒把的供貨商便會乘機哄抬價格，或者為了等待漲價而不將原料賣給你。

福特汽車公司就有一次因為煤商不肯賣煤致使工廠不得不停工五天。這件事給了福特很深的教訓，一氣之下，當時便買下了一座煤礦，後來又買了一些鐵礦、森林，甚至在巴西的亞馬孫河流域買了一大片橡膠園。

洛格河地區交通方便，地域廣闊，有開發潛力，不必為了節省用地而建築高樓、裝設電梯，因此而影響工作效率。在平地上只靠軌道和輸送帶就可以把各個工作環節連接起來，這可以大大提高勞動生產率。多年的經驗使福特知道，大規模生產中，傳送方式往往比製造產品的加工過程還重要。

從這些要求來看，要建一個汽車王國，洛格河地區的優勢大於劣勢。在建廠過程中，公司的事福特交由埃茲爾掌管，自己一直在建築工地監督施工。

正如他對機器品質要求很嚴一樣，福特對工程品質也從不馬虎。

有一天，福特來到施工現場，看到工人們在砌一堵牆。牆高十公尺，長六十公尺。福特看著怎麼也不對勁，憑他敏銳的觀察力，肯定牆有問題。結果測量一遍，果然比設計低了十公分。

這本來不算大事，但福特堅持拆掉重砌，他寧肯遭損失，也不容許有任何粗製濫造。品質猶如公司的生命，一堵牆雖不是公司的商品，重要的是它體現了一種工作作風，福特透過這件事，促使了工程建築品質的提高。

關於福特重視品質，還有很多佳話。

有一次，他看到停在他前面的一輛T型車後窗玻璃有一條波紋，就立刻把裝玻璃的技師找來，狠狠批評了他一頓。這位技師感到很委屈，玻璃商供應的玻璃就是這樣，何況當時還正在打仗，玻璃緊缺，就連這樣有點波紋的玻璃能保證供應就算不錯了。

福特了解到原因後，馬上想到自己建個玻璃廠，製造優質玻璃。後來，福特的玻璃廠成了其他玻璃廠商取經學習的地方。

福特還在洛格河畔建了一個港口，開闢了高速公路，買下了鐵路。沒有誰能夠難住他了。有些人說，福特辦交通這是把錢扔進了無底洞。福特早算過帳，如此一來，公司每年將省下百分之二十的交通費用。

新工廠計劃在十年內分期建成。

一九二〇年五月十七日，洛格河工廠的鼓風爐正式落成，並舉行了「點火儀式」。這一天，福特一家人興致勃勃地來到洛格河工廠。這個工廠就是他們這一家祖孫三代的，他們是福特、埃茲爾和亨利二世。亨利二世是埃茲爾和蕾伊娜的兒子，他們給他取了個同爺爺一樣的名字。

「點火儀式」似乎標誌著福特汽車公司從此將邁入一個新時代。在儀式上，埃茲爾三歲的兒子小亨利在祖母的懷抱中，點燃了放在鼓風爐裡的一堆木塊和焦炭。他還不會劃火柴，是福特幫他劃的。他騎在爺爺的肩上，開心地大喊大叫。

那時，他當然不會去想，這份家當，將來要靠他來管理。

當洛格河被加深加寬以後，位於河畔的這座「夢幻工廠」便迅速與福特汽車公司的其他工廠區別開來，這主要是因為洛格河能夠接納來自五大湖及其周圍水域的深水船舶。福特還買下了底特律、托萊多和艾恩頓的多條鐵路，並將這些鐵路連接在一起，以滿足這座工廠獲得原材料以及輸出產品的需要。

在幾年以後，這裡的鑄造廠每天能夠鑄造出一萬台汽缸，能夠加工所有汽車經銷商需要的鋼鐵和黃銅鑄件。在如此龐大、如此複雜的工程體系中，僱用了大約四萬兩千個工人負責操作各種類型的傳送裝置。這些裝置有升降機、輸送帶、吊車、螺旋式索道和高架單軌貨車。

這裡分布著九十多座占地八十萬平方公尺的建築物，還有總面積為一百三十萬平方公尺的窗戶、四十公里長的輸送帶，以及一百五十公里長的鐵軌，照看管理原材料和機器設備的看守員就多達五千人。

單是負責打掃工廠的清潔工就雇了五千人。每月用掉五千支拖把，三千支掃帚，八十六噸肥皂，以維持工廠的整潔。福特愛整潔的習慣來自他母親瑪麗的影響。他把工廠當作自己的家來建設，實際上是開創了一種文明生產的新風。

現在，這個世界上規模最大、設備最現代化的工廠開始運轉了。船隊在碼頭卸下煤、鐵、橡膠、木材……巨大的熔鐵爐和煉焦爐吞下它們的食物，生成各種鋼材，再讓輸送帶送到那一排排連綿好幾公里、屋頂呈鋸齒形的廠房裡，加工成零件……當這些原料在這八十萬平方公尺的工廠繞了一圈之後，它們就成了一輛輛完整的汽車了。

這就是福特的理想。他製造汽車完全自給自足，連一顆螺釘、一塊玻璃都是自己生產的。

第一次世界大戰時，美國的汽車工廠都為政府生產軍工產品，汽車產量大減，所以戰後一段時期，汽車的銷售並不困難。

汽車作為一種交通工具已為人們普遍接受，開車已成了美國生活中一項必備的技能。這時，所有的汽車廠商都開足馬力，增加生產。福特公司一年的產量就達七十五萬輛，但仍然是供不應求。

成立新型技術學校

一九一六年亨利．福特中等職業學校成立了。

福特成立職業學校是因為他不贊同一般中等職業學校的做法。學生們只能學到一知半解的知識，卻不知道怎樣運用自己所學的知識。中等職業學校不應該是技術學院和學校的混合物，它應該教會學生們如何進行生產。

福特認為，如果學生們只是做一些無用的事，比如文章寫好後把它扔掉，他們將喪失求知的慾望以及學習的權利。在校期間學生們沒有生產能力，學校只能依靠資助以維持學生的開支。很多孩子需要資助，他們沒有挑選的機會，因此必須接受能夠得到的第一份工作。

當孩子們沒有受過任何訓練便進入社會時，他只是成為了原本數額龐大的不合格勞動者中的一員。現代工業需要的是能力和技術，這是過早離開學校或長期留在學校裡的人所不具備的。

為了保持孩子們的興趣，對他們進行職業培訓，很多先進的教育機構已經和勞動培訓部門合作。但是這些舉措仍被公認為是權宜之計，因為它們只是迎合，而非滿足了一般孩子的創造性本能。

基於以上種種原因，福特決定自己開辦學校。學校成立的目的只是想幫助那些因環境而被迫離開學校的孩子們，這一希望恰好和需要為工廠工廠提供有經驗的技工的目的相符合。學校成立後，孩子們既可以接受教育，同時也可以在生產線上對孩子們進行生產培訓。

從一開始福特就堅持三項基本原則：一是不要將孩子變成未成年的工人；二是文化教育與工業實踐同時進行；三是訓練學生所做的是有用的、對社會有貢獻的工作，孩子們應該感到自豪，同時也應認識到自己肩上所負的責任。

福特職業技術學校是一所私立學校，招收十二至十八歲的學生，以獎學金制度為基礎。

每個孩子在入學當年會得到一年四百美元的獎學金。如果成績優秀的話，獎學金就會逐漸增加，最高六百美元。課堂和工廠的業績以及學生的表現都有記錄，學校根據學生的勤奮程度調整獎學金。

除了發放獎學金之外，每個學生每月還能得到一筆數額不多的錢，但這些錢必須存入銀行，除非經學校許可作救急用，否則學生在校期間不得動用這筆資金。

學校成立不久後，管理問題就已經相繼得到解決了，福特他們找到了實現目的的最佳方式。

在建校初期，學生的課堂學習占三分之一的時間，其餘的三分之二時間在工廠實習。但福特隨即發現這種安排實際上阻礙了學生的進步。因此，後來開始按週安排學習，用一週的時間學習課堂知識，接下來兩週的時間用於工廠實踐。課程連續進行，各組輪換他們的學習內容。

在福特技術學校裡，最好的老師就是工廠員工，最好的教材就是福特汽車工廠。它提供的教學實踐機會比很多大學還多，數學課的內容來自工廠的許多問題。孩子們不被那些難懂的字母和枯燥的公式所困擾，實際的過程和實際情況就擺在他面前。

孩子們已經學會了觀察，對他們來說，城市的形態不再是只存留在地圖的標記，而書本也不會再代表世界，世界也不再是書本上的內容。因為工廠運往新加坡的產品以及收到來自非洲和南美洲的原材料通通展現在他們面前，世界不再是老師講台上的彩色地球儀，而是人類居住的星球。

在物理及化學方面，工廠就是一間實驗室。在這裡，理論轉化成實踐，課程轉化成實際經驗。當講解水泵的課程時，老師先講解構造以及各自的功能，然後回答學生提出的疑問，之後帶領學生去機房觀看實物。學校擁有世界上設備最為先進的工廠工廠，學生們在一台台機器前輪流實踐。

學生們生產的都是所需的零件或產品。而福特汽車工廠的需求非常廣泛，每張訂單都可以容納所有的零件或產品。他們製造的產品經檢驗合格後，由福特汽車公司購買。當然，那些檢驗不合格的產品對學校而言便是損失。

那些快速進步的孩子們每做一件精確的測定微螺旋的工作時，他們都清楚每一步的目的和原理。他們自己修理機器，並學會了如何置身機器之中而傷不到自己，還學習製模。在乾淨明亮的教室裡，學生和老師一起，為自己成功的事業打下堅實的基礎。

福特汽車公司總以待遇優厚的工作迎接孩子們的畢業，學生們的社會和道德情操都得到了很好的照顧。對學生們的管理也不是嚴厲的、權威式的，而是像朋友一樣地關心。老師對每個學生的家庭條件以及個人性格都非常了解，老師們不會試圖寵溺學生們，也不會讓學生們變得軟弱憂鬱。

有一天，有兩個孩子打架，福特並沒有批評他們，而是建議他們用一種更好的途徑來解決問題。但孩子們男子氣概十足，偏使用更原始的解決方法，於是福特給了他們兩副拳擊手套，讓他們去工廠一起打鬥一番。唯一的限制條件是，必須在那裡接受爭鬥，不許在工廠外面打架。結果在短暫的對抗後，兩人卻成了很好的朋友。

在福特學校，學生們仍然被當作孩子，孩子的天性得到讚賞。當人們在課堂和工廠裡看見他們時，會輕易看到他們眼中閃爍的快樂的目光。他們有一種歸屬感，感覺自己在做很有意義、很有價值的事。學生們非常勤奮好學，因為每個孩子所學的知識都是他們自己渴望學習的。

福特中等職業技術學校剛建立時只有六名學生，隨後發展到兩百人。由於學校有體制健全的教學制度，學生人數竟達到了七百人。學校起初出現了赤字，但是福特還是堅定他的信念：只要是有價值的東西便能實現自給，學校就是這樣發展起來的，並且得到自給。

福特技術學校讓孩子們開心地度過了他的少年時代。儘管孩子們學習工作技能，但他們不曾忘記自己也是一個孩子，這一點至關重要。他們每小時賺十九至三十五美分，多於從事其他的孩子提供的工作所能得的。因此他們待在學校掙的錢比外出工作更能補貼家用。畢業時，他們已經接受了良好的教育，是有技能的工人，可以有一份豐厚的收入。

不管如何，要相信自己所信任的。相信了自己，才會相信別人。相信別人，才能相信國家，進而相信社會上所有的正當的法則。能夠做到這點，各位的前途則是無限的光明。

我是最相信信仰力量的人，具有信心的人，所做的事業一定會成功。

福特創立職業技術學校，不因教育了學生而要求學生奉獻什麼，因為成長的路是孩子們自己走過來的。福特並沒有虧欠任何人，就像他的辦學初衷一樣：幫助那些因環境而被迫離開學校的孩子們。

開辦新型平民醫院

一九一九年，底特律綜合醫院開始著手籌建，它計劃以公眾捐款的方式修建，福特和其他人一起捐了款。但沒多久，醫院就停工了，原來在第一棟大樓遠遠還未完工之前資金就已經用光了。

於是福特便投資一千萬美元將這家醫院接管下來，並且把它建成一流的醫院，其設施設備都堪稱世界第一。

事實上，醫生這個行業，福特並不是很喜歡，這得追溯至他母親瑪麗難產致死的事故。福特的母親生了八個孩子，以前生孩子都是護士接生，最後一次請了一位醫生，反而難產致死。福特自己是很少進醫院的，但他不否認醫生這行確實是直接為病人服務的好職業。

福特將醫院接收過來後，一九一九年對外營業，所有的人不分種族，不分信仰，不分貧富，都可以到這裡就診。這家醫院位於底特律的西大波爾瓦德，面積為八萬平方公尺，有足夠的擴展空間。

福特想要使設備物盡其用，於是放棄了對醫院的最初設計，致力於建立一所在設計和管理上都與眾不同的新型平民醫院。

在當時，有很多醫院是為富人所開，有些醫院是針對窮人的，卻沒有一家醫院面向能夠並且願意支付一般醫療費用的人，同時又不會使人產生接受資助的感覺，而福特就是想建立這樣一家醫院。

而在一般人看來，一家醫院不可能既提供服務，又能夠自負盈虧。因為在當時，醫院要麼依靠個人捐助維持，要麼是營利性的私人療養院。然而福特想讓這家醫院自負盈虧，以最少的費用提供最優的服務。

在新建大樓裡沒有所謂的病房。所有的房間都是個人專用，並且配有浴室。二十四間房為一組，面積、設施、陳列均一模一樣，因此沒有挑選的必要，因為病人之間人人平等。

這時候福特根本無法確定，現行管理制度下的醫院是為醫生，還是為病人而存在。他注意到很多能力強的醫生把大量時間用於慈善，而福特則認為醫療費不應該由病人的貧富而決定。

他完全相信，醫生所謂的「職業規矩」對人類以及醫學的發展都是一種阻礙。診斷方法沒有得到長足的進步，醫院不是針對病人實際的病情對症治療，而是根據醫生對病情的診斷結果進行治療。

福特還了解到，在當時的醫療界，職業規矩使糾正誤診變得十分困難。除非會診的醫生是個會變通的人，除非他得到了邀請他前來會診的主治醫生的完全贊同，否則他不會改變診斷結果或治療方案。如果診斷結果或治療方案有所變化，病人通常也不會知道。

在當時的美國醫院，似乎存在著這樣一種觀點：病人，尤其醫院裡的病人，是醫生的財產。一個有良知的醫生是不會剝削病人的，只有缺乏良知的醫生才會如此。在很多醫生看來，維護自己的診斷結果與病人的康復同樣重要。

而福特醫院的目的便是要消除以上的一切不當行為，將病人的利益放在首位。所以，它便成了所謂的封閉式醫院。福特按年聘用所有的醫生和護士，不允許他們在醫院以外行醫。包括實習醫生在內，福特醫院一共有二十一個外科醫生和內科醫生。

這些醫生都是經過福特精心挑選的，他們都是醫學界的精英，他們的工資已經和他們個人在外行醫情況好時所掙的錢數差不多。但他們不能從病人那裡獲得任何金錢上的好處。

接收一個病人是很謹慎的事。首先，高水準的醫生對前來就診的病人做全面檢查，再轉由三至四名或有空閒時間的醫生做檢查。不管病因如何，都要通過這樣的檢查。

福特逐漸意識到，身體的完全健康比某一種病症更重要。每名醫生都會對病人做一次徹底檢查，記錄檢查結果，再交給主任醫師。在此過程中，醫生們沒有機會與其他檢查的醫生商量或討論。

最後，至少三份，有時六至七份完全獨立的診斷結果交到了院長手上。它們組成了一份完整的病情記錄，然後大家一起會診。採取這些謹慎的做法是為了在當前有限的醫學手段下，確保診斷的準確性。

福特醫院有六百張病床，病人的醫療費按照固定的收費表收取。費用包括住房費、營養費、藥費、手術費、護理費。除此之外不收取任何其他費用。醫院沒有特別助理護士。如果病人需要額外的護理，就會增加一名護士，但並不向病人收取額外的費用。

不過，這種情況很少見，因為福特醫院按照病情所需護士的數量將病人分組。根據病情需要，一個護士護理兩個病人，或一個護士護理五個病人，最多不能超過七個病人。

事實上，按照這種安排，一個護士護理七個病情較輕的病人也是可能的。大多數醫院的護士們，要走好多無用的路，她們花在走路上的時間甚至比照顧病人的時間還多。在福特醫院裡，這些浪費就可以避免了。經過設計，每一層樓設施都很齊備。就像在工廠裡努力減少不必要的動作一樣，福特也在醫院裡盡量消除這些不必要的動作。

在福特醫院裡，病人為病房、護理和藥物等所需繳納的費用是四點五美元。隨著醫院的規模擴大，醫療費用還會持續降低。大手術的收費是一百二十五美元，小手術的費用則按照固定的收費表收取，所有的收費都是暫定的。福特醫院的成本計算系統和工廠相同，調整收費以達到收支平衡。

力挽狂瀾振興企業

我最大的樂趣是從成功中獲得滿足感。

——福特

實行自給自足政策

為了不受其他供貨商的束縛。福特開始進行他的計劃：凡是汽車所用的原料和配件，都由福特汽車公司自己生產。

必要的玻璃、棉麻、皮革、鐵礦、煤、木材、布和油漆以及運輸的輪船和鐵路，也都由自己來經營，實現自給自足的一條龍經營，可算是破天荒的計劃。

「這樣，可以減少浪費，節省時間和降低成本。」福特如此說道。例如螺絲釘，之前從別的供貨商購買時，一千個螺絲釘要五十美元，現在，自己工廠製造一千個僅需八點五美元。僅僅是螺絲釘每年就可以節省五十八點二萬美元。

福特認為這樣生產成本降低了，普通的平民自然可以買到便宜的汽車。他的自給自足政策由玻璃開始。

美國的玻璃工業，隨著汽車工業的發展而突飛猛進。福特汽車公司所用的玻璃，就占了全國產量的四分之一。福特收購了底特律的雅麗凱尼公司，其目的就是要自己生產玻璃。當時，雅麗凱尼公司也是第一流的玻璃製造廠，很有名氣，但其十分之三的產品都不合標準。

「這樣不行，提高工人薪資！」福特下了一道命令。

結果，成績很是輝煌，玻璃工廠一年的產量，由六百萬尺增加到八百萬尺，不合標準產品由十分之三減為十分之一。福特「優厚待遇生產廉價產品」的理念又獲得了充分的證明。

熔煉玻璃坩堝，是由工人赤著足所踏成的。玻璃也是用手工一塊一塊製作而成的。

「福特汽車公司如果還要沿用這種落後的方法，簡直就是一種恥辱。可不可以用一根寬大帶子，以連續不斷的方法，生產玻璃板？」

福特想了以後，立刻把機械工廠的年輕工程師找了來：「你試試看。」

「不過，董事長，關於玻璃工業這方面，我還真是一個外行！」

「是呀，正是因為你是外行，所以我才讓你試試看，如果再請專家去做，一定不會有什麼結果，我向來不信任那些專家，他們知道的沒用東西太多了，還是你做做看吧！」

於是，年輕的工程師們開始研究試驗，專家們說的果然沒錯，這些工程師遭遇了很多的困難。不過，最後還是研製成功了。從此以後，玻璃工業不用人工而以機器代替生產了，福特又一次解放了勞動力。

這是玻璃工業的一次大革命，洛格河畔玻璃工廠的面積，雖還不到整個底特律的一半，但其生產的產品卻是後者的一倍以上，而且員工數量也只是它的三分之一。

接下來，福特又開始著手解決布匹問題。福特汽車公司每天要用十萬碼以上的棉布和二點五萬碼以上的毛織品。

「你們對於任何事情都不抱創新的心態嗎？汽車上為什麼專要用棉布而不用麻布呢？麻布不但耐用，而且還十分美觀，同時，工廠附近的農田到處都可以種麻。為什麼不用麻布呢？」

「董事長，麻要比棉貴得很多。」工程師們回答說。

「為什麼麻的價錢貴？你們想過嗎？因為，發明紡織機以後，棉布可以用機器織，而麻布則沒有。那我們為什麼不研究織麻布用的機器呢？」

經過和工程師的一番談話後，福特又開始著手研究可以織麻布的機器了。

首先福特對於翻土、播種和收割，都使用機器代替人力。過去最費時間和精力的剝麻皮工作，現在，只要把收割下來的麻，使用運送機送入爐中，經過烘烤和烘乾後，就可用機器將麻皮去掉了。兩個工人管理機器只要工作八個小時，就等於十個工人用手工作十二小時的進度，福特的計劃又順利地實現了。

於是，福特汽車上所用的布料，一律以麻布代替棉布了。這樣，車內的設施就顯得既美觀又高檔、舒服了。接下來，福特又把目光轉移到森林和煤礦方面了。

福特發現，汽車內部使用的木材和搬運所需要的箱子等，福特汽車公司每天要消耗達一百萬立方公尺木材。福特為使木材自給自足起見，特地在密西根州北部購買了二十萬平方公尺和肯塔基州五萬平方公尺的森林和土地。

所有木材砍伐，絕不用人手拿著斧頭和鋸子去勞作，而是使用以汽油發動機為動力的機器。採用機器鋸木，所需的時間僅為人工的二十分之一。工人們的工作時間仍為每天八小時，最低工資為六美元。因為利用機器，所以工人們的工作顯得非常輕鬆。

福特在山裡的小屋中雇了女傭，讓她從事洗漿縫補及收拾床鋪等零碎的工作。乾淨的水、暖和的蒸汽、寬敞明亮的電燈俱樂部、電影及收音機等，在這山中應有盡有，工人們的工作和生活都十分方便。

後來，福特又在肯塔基州和西維吉尼亞州買了十六座煤礦坑。這裡的工會力量很大，給礦主們的經營產生很大的阻力，所以幾乎全部成了廢坑。福特把收購礦坑的事談妥，擬好合約後，就立刻上山了。

「借我一件工作服，我想進礦坑去看看。」福特說。

就連帶路的礦工也想不到董事長會親自跑進礦坑去。

「董事長，煤礦坑內有許多地方是要爬進去的，恐怕您吃不消吧！」

「只要你可以，我肯定就沒有問題。」

由於福特的這次實地勘察，礦坑設備大為改善。福特首先推行清潔第一，建築物一律漆成白色，甚至沒有利用價值的房子也重新翻修，還添建了淋浴設備。

道路分成機動車道和人行道，車道鋪裝柏油，裝置路燈。還設置了俱樂部，使荒涼的帳篷生活，很快地成了一個適於居住的悠閒舒適的小都市。

另一方面，福特又毅然提高工人的工資。那時，附近的煤礦，一般情形是每天工作九小時，工資是三點五美元至四點五美元。福特的煤礦每天只需工作八小時，工資是七美元。

福特煤礦坑內的工作，盡可能使用機器來操作，這樣就可以代替鶴嘴鎬和鐵鍬了，凡是需要爬著才能通過的地方都用機器給開寬了。不但如此，坑道裡的水全用抽水機抽乾，利用蒸氣熱度使空氣乾燥，使溫度適中。這樣，工人們在礦內工作比以前輕鬆多了。」

一切改革完成以後，福特又出現在礦山了，他說：「請再把工作服給我用一下，我想瞧瞧坑內環境究竟改善了多少。」

福特發現這時候，礦工們不像從前那樣髒兮兮的了，大家都穿著新發的工作制服和膠鞋，一從煤礦坑出來，就馬上去浴室洗澡，然後，再換上西裝才回家。福特看到自己的員工都這麼乾淨整齊，自己也很欣慰地回去了。

就這樣，玻璃、麻布、森林木材、煤礦問題就一一解決了，福特汽車公司一切都在自己的掌握之下了，唯一不足的就是交通問題了。沒多久，福特就受到一位鐵路公司的董事長的拜訪。

原來，數年來，這家鐵路公司的營運業務一直都很困難，今天，董事長親自來訪福特，是想邀請福特跟他們公司投資合作。

「你是怎麼看的，埃茲爾？」客人走了以後，福特問兒子埃茲爾的意見。

「這……」埃茲爾不知如何回答是好，但其他高級管理人員們都不是很贊成。

其他高級管理人員一致認為不必做這種冒險的事，那家公司是有名的破爛鐵路，想要收入一百美元，就得支出一百五十美元。換句話說，花三美元只能賺回來兩美元，這完全是一樁虧本的生意。」

「這點我也清楚。」埃茲爾很猶豫地說道。

「你不會把它買下來吧！那條鐵路的枕木『嘎吱嘎吱』地搖動，車頭破舊，貨車和客車沒有一輛是好的，沒有一處地方是值錢的。」

「不，我要的不是這些，而是那條鐵路可以連接上底特律和俄亥俄河的那條鐵路，途中又可以和大鐵路幹線相接，所以，我們如果握有這條鐵路，我們的礦坑和礦山便可以直接聯運，減少運輸時間。」

最後，福特以五百萬美元收購了這家公司和他們的破爛鐵路。

福特的高級管理人員都憤憤不平，五百萬美元就當時的行情來說，也是十分昂貴的。

但福特卻不以為然，他很有自信地說：「做買賣要兩方面都有利益，才有意思，我固然不願買得太貴，但也不想討價還價，你們看吧，我把它買下來是絕不會吃虧的。」

對於鐵路事業福特毫無經驗。不過，他相信任何破爛的鐵路，一旦在他的領導下，自然會成功的，福特是很有自信的人。福特收買了鐵路以後，即和他的兒子埃茲爾、公司的高級管理人員及鐵路專家們前往勘察了。

「好了，今天就到此為止吧！」

一天，晚餐後，在車廂內開完會議，大家都站起來，回到自己的臥鋪上去休息了。

過了一會兒，福特經過餐車，四五個年輕人正圍著一張桌子，埃茲爾也參與其中。原來，他們是在擲骰子。

福特微微皺了一下眉頭，只說了一聲：「晚安！」便走過餐車，到自己的臥鋪上去了。

第二天，會議散了以後，福特望著埃茲爾，便裝糊塗地問道：「埃茲爾，昨天晚上你們在幹什麼？」

「擲骰子。」

「是嗎？喬恩！」福特又轉向黑人服務生，問道。

「你也在擲骰子嗎？」

「絕沒有這種事，董事長。我自從到教堂聽道以後，對於賭博，根本連看都不看的。」

「嗯，誰喜歡擲骰子？」

黑人服務生有喜歡的，也有不喜歡的。福特就在喜歡擲骰子人當中選了六個人。

「好，今天為慰勞大家起見，我們舉行骰子大會。」

福特把五美元錢的白銅幣，裝滿六個大茶杯，放在桌上。

「最後勝利的，這些白銅幣就送給他，好嗎？」

黑人們都非常興奮。經過一次次的淘汰，約過了半個時辰，僅剩下三個人。

情況越來越激烈了，每一次把骰子擲出去時，黑人們總是喊叫、手舞足蹈，聚精會神地注視著誰勝誰負。

當最後優勝者決定的時候，福特凝視這種瘋狂的情形。

「啊，恭喜你在這一場激烈的競爭中獲勝。」福特一邊說著一邊很愉快地和黑人握手。

福特為什麼要舉行這種骰子大會，觀戰的人也都戰戰兢兢地在旁邊看。

大約過了一個多小時……

「埃茲爾，你認為今天這場骰子大會怎麼樣？」福特對著年輕的兒子說。

「我想骰子，只有那一些人才喜歡玩。」

這時，聰明的埃茲爾心裡已經明白了父親不希望他賭博的意思了。

視察鐵路歸來後，克萊拉問道：「情形怎麼樣？」

「簡直是一塌糊塗，就像我們剛開辦福特汽車公司的情形一樣。那條鐵路得要從頭做起。」福特回答。

福特也像開創其他事業一樣，拿出無比的魄力和勇氣，大刀闊斧地進行改革。首先改善待遇。工作時間規定每週四十八小時，工資也予以提高。

「不要忘記，火車的司機和司爐的待遇應該和列車管理員一樣。」

「董事長，那不行啊，列車管理員直接管理列車，是負全部責任的呀！」

「這我知道，可是，列車管理員只偶爾查一下票，我看貨車管理員也閒得無聊，老是在管理室打呵欠。」

福特因為自己是機械工人出身，所以他特別偏愛機械人員，終於打破了傳統，實現自己的主張。於是，列車管理員和火車司機、司爐累計工作兩百零八個小時，都可獲得三百七十五美元的薪酬，而別家鐵路只有兩百五十美元至兩百六十美元的待遇。

薪資調整後的結果也很是喜人。過去運輸五百萬噸，需要兩千七百餘人，現在一千五百人就可以做得很好了。在這種情形下，這條破爛的鐵路，經過福特的整頓後，煥發了生機。

福特認為萬事都要以清潔為第一。他把鐵路的每一個角落都打掃得乾乾淨淨，所有的房子都油漆得煥然一新，車站和站台每天打掃三次。

因為在這條鐵路的車站上，經常看見工人拿著打掃用的抹布，所以大家都開玩笑地說：「抹布是這條鐵路的標誌。」

競選美國國會參議員

福特的生活中並非只有機械和汽車，他廣泛地參與社會生活，這與他造車服務社會的行為是一致的。

然而，他參與社會生活，遠比他從事汽車工業路途坎坷得多，這當中有時給他帶來安慰，有時給他帶來衝擊。在他辭去福特汽車公司董事長一職之後，公司交由埃茲爾管理，他似乎覺得可以放鬆一下了，好讓埃茲爾放手去幹。

公司已完全在福特的掌握之下了，T型車銷量直線上升，市場前景一片大好，他沒必要操那麼多心了。但福特又是個耐不住清閒的人，年當五十歲，身體也很健康，因此，他有精力和時間從事方方面面的社會活動。他興建福特職業技術學校、開辦平民醫院、修建格林斐爾德自然歷史村……

福特第一次參政的經歷是「和平船」事件。這次事件後，使他贏得了「和平主義者」的美名。福特不惜花費巨款阻止戰爭，維護和平，有人說福特是不識時務的唐吉訶德，但雖敗猶榮，熱愛和平的人依然能夠理解、感受到他的真誠。所以，當威爾遜總統宣布美國準備參戰時，就有很多人想推薦福特為反對黨代表，跟政府的戰爭政策相抗衡。

這一年，美國密西根州提名福特為共和黨總統候選人。這似乎出乎福特本人的意料之外，密西根州竟以最高票選舉福特為總統候選人。半月後，內布拉斯加州也告訴他同樣的消息：《聖路易報》所作的民意調查表明，以他當選總統候選人的呼聲最高。

福特有幾件事使得他贏得了美國公眾的愛戴：一是廉價結實的福特T型車及其大規模的流水線生產方式；二是進行薪資改革制度，提出了日薪五美元；再就是八小時工作制。選舉的結果，令福特很欣慰，這顯示了他在公眾心目中的地位。

此外，以威爾遜總統為首的民主黨也認為讓福特作為競選對手比別的人要好得多，因此並沒有對福特進行惡意的攻擊。但是福特明白自己不是當總統的合適人選，也沒有從政經驗。當他跟威爾遜總統交談的時候，發現威爾遜是一位富有人情味的政治家。

福特自己不足以擔當反對派的重任，於是他聲明放棄競選資格，轉而支持威爾遜總統競選連任。而共和黨轉而選擇了柯立芝為他們的總統候選人。

民主黨得到福特的支持很是興奮，以為有了強大的財政支持，但他們沒想到福特在這方面竟然是一毛不拔。福特認為，搞政治不是作金錢交易，政治一跟金錢掛鉤就必然是腐敗了。他說：「我個人對任何政治活動，絕不捐助一絲一毫。」

民主黨感到非常氣憤與沮喪，他們不懂這位可愛的福特先生怎麼能這麼幼稚，不知道競選是要靠大肆宣傳的，而宣傳活動是要花錢的。既已表明支持威爾遜的競選活動，就應該，而且也可以為之盡一份支持者能盡的責任。

但福特不願讓人覺得他是個說大話的人，後來還是答應為威爾遜承擔三萬五千美元廣告費。威爾遜競選連任後，共和黨與民主黨都想加強自己一方在國會中的發言權，雙方競爭席位相當激烈。

威爾遜有把福特拉到參議院來的想法。

一天，他把福特邀請到白宮，直接跟福特交流了他的想法。福特已經有過一次競選的感受了，不想再一次捲到政治的漩渦中去，想謝絕威爾遜總統的美意，但仍表明自己始終擁護民主黨，堅決支持威爾遜總統。

接下來，威爾遜總統握著福特的手說：「福特先生，假如你想實現和平的理想，就需要把握這個重要機會，參加密西根州的選舉，來支持我們達到和平的目的。請不要再推說對政治不感興趣了，為了和平，你一定要參加競選。」

威爾遜這麼一說，福特也只好將計就計了。他的祕書喬治和總經理蘇納倫積極為他出謀劃策參加競選。密西根州共和黨候選人是杜魯門，跟福特一樣，是一位實業家。但杜魯門本人善於言辭，精力充沛，是位十分活躍的人物。相比較之下福特則遜色得多，他在公眾面前寡言少語，競選中，從始至終只出席過一次競選演講會。

發明家愛迪生也說福特：「你怎麼會去參加競選，不善言辭是你最大的缺點。」

同時，福特恪守自己的原則，不為政治活動運用金錢。他似乎也不善於為自己拉取選票，連福特汽車公司職工和代理店的選票他都遵從平等、公正、自由的原則，聽任他們想投誰就投誰。因此，他的落選似乎也是情理之中的。

而共和黨在競選中則是胸有成竹，他們針對福特的弱點，頻頻出擊，對埃茲爾在戰時逃避服役、福特公司的「親德傾向」、福特沒有從政經驗和能力等，從各個方面加以攻擊。

而《紐約時報》則說如果福特當選後，則會給議院和汽車工業都造成損失。底特律《論壇報》譏諷說：「福特完全有資格當選，因為他出生在美國，年齡在三十五週歲以上。」意在抨擊福特沒有從政經驗。

選舉結果可想而知，福特得二十一萬票數，比杜魯門少五千票。如果考慮到密西根州是共和黨傳統的根據地，那麼福特作為民主黨候選人，能達到這樣的票數已經是很不錯的成績了。

後來有些人說，福特落選主要是因為共和黨有強大的財力作為支持。福特對這種說法深信不疑，他認為自己是被華爾街的金融家和猶太人捉弄了。因此事後，福特促成聯邦法院調查並判決杜魯門等人在競選中占用共和黨黨務資金過多。

按美國參議院的規定任何人初選經費不得高於四千美元，但共和黨用了五十萬美元至一百萬美元。法院判處十二名被告入獄，杜魯門被判罰一萬美元，服刑兩年。

杜魯門不服判決，將此案上訴到美國最高法院。最高法院以議會無權制約初選為由，否決了一審判決，這樣，杜魯門才被免予服刑和罰金。但福特決心拉杜魯門下馬，出口氣，又再度加緊了活動。

杜魯門也看到了在競選當中表現平平的福特的能量，不得已於一九二二年自動退出參議院，接替他席位的正是從福特汽車公司辭職的總經理庫森斯。

全面整頓度過經濟危機

第一次世界大戰後，美國的經濟呈現了空前的繁榮，福特也將公司的股權收為己有，成立家族式的管理模式，公司發展迅速。但是好景不長，自一九二〇年春天以後，這種景氣下降。接著，不景氣的大風暴侵襲了整個世界。

這時，福特認為，要避免不景氣的方法就只有一個，那就是降低物價，提高工資。只要兩三家大公司同心協力，一致採取這種方法，就能夠防止恐慌的風暴了。

在經濟不景氣的時候，失業的人數增加，銀行緊迫、商品滯銷，所以，此時提高工人工資、降低價格，人們就仍有購買的力量。只要產品有銷路，經濟自然會逐漸恢復，接著，生產增加，公司業務也就會日漸繁榮，這就是福特的想法。

可是，實際的情形怎麼樣呢？減低汽車售價，並不是一件容易的事，因為，一切原料在經濟不景氣的現狀下，價格依然很高。至六月，福特汽車的銷路銳減。九月，福特終於將售價五百一十七美元的汽車，減為四百四十美元。

果然，由於這一次的大減價，福特汽車的銷路，又突然上升。不過，那只像是為一個瀕臨死亡的病人，注射了一支強心針一樣，只能維持一時，不久，就會失效的。

這時的福特也明白，這種不景氣的經濟，比一般想像的要嚴重得多，溫和的對策已無濟於事了。

十二月，他將福特汽車公司關閉了。一時間，謠言四起，大家都傳言福特汽車公司已經宣言破產了，工人們都害怕領不到薪資，搞得人心惶惶。不久，這個傳言就好像一陣旋風似的，立刻傳遍全國。

當時，福特汽車公司因收購股票而開出的支票，尚有三千三百多萬美元沒有付清，另欠政府稅金一千八百萬美元，以及應付員工的工資七百萬美元。福特汽車公司的負債共計五千八百萬美元。在銀行的存款，僅有兩千萬美元，兩者相抵，尚差三千八百萬美元。

福特用什麼方法來填補這個巨大的赤字呢？唯一的辦法，只有向銀行貸款。但是，福特一提到銀行家就十分憎惡，彷彿那些銀行家在跟他說：「這次，可以叫那面目可憎的福特屈服了吧！」

福特向來是討厭銀行家的，這是盡人皆知的事實。福特認為一旦向銀行貸了款，最後，就像投到蜘蛛網上去的小飛蟲一樣，所有的血，早晚是要被他們吸乾的。一種事業一經貸款，便等於走上慢性自殺的道路。

福特曾經認為要讓他向銀行貸款，由銀行家來左右他的公司，那還不如親自動手把房頂上的瓦、牆上的磚一塊一塊地取下，讓工廠關門大吉好了。但是，事到如今，他也不得不向銀行低頭屈服了。

在迪爾本研究所的一間屋子裡，兩位男士面對面坐在那裡。一個是骨瘦如柴、面色蒼黃的老人，他正是陷於破產邊緣的福特；另一位腦滿腸肥、滿面春風坐在安樂椅上的，是從紐約特地趕來的銀行家，想趁這個機會，使這個汽車大王向他屈服。

銀行家就座後，說明來意，表示銀行團隨時準備欣然接受貸款的要求。但福特卻給他潑了一臉的冷水，他說：「我還沒有借款的意思！」

這時，銀行家裝出憐憫的樣子，說道：「福特先生，我們對於你的財務狀況，和你知道得一樣清楚。在最近三個月中，你必須要籌借三七八百萬美元，沒有我們的援助，你恐怕沒有辦法吧！」

這位銀行家知道自從庫森斯辭職後，福特公司的會計職位一直空懸著。他想舉薦一位會計補充福特公司的空缺職位，用以監督公司財務。這時的福特才明白，原來這些銀行家想控制公司的財務，他怒不可遏，把銀行家趕出了福特的大門。

這不啻是對於銀行團的一種挑戰。不知道福特究竟有什麼把握，竟敢有如此行動。之後，福特首先任命自己的兒子埃茲爾出任董事長兼會計主任，準備背水一戰。此後又大刀闊斧地積極從事整頓。

接著，福特毅然將工廠關閉。這是一種策略，因為，許多和福特汽車公司有往來的供貨商，都不肯減低原料價格，所以福特便採取這種政策，表示不願再按原價購買。

同時，福特通知全美國三十五家代理店：所有零件均裝配成汽車出售，否則當另選代理店。這種強硬手段，所收效果之大近乎奇蹟。庫存汽車原有九萬三千輛，立即售出六萬輛，截至四月一日，全國代理店繳來的現款達兩千四百七十萬美元。

國外分店也奉福特命令匯來三百萬美元的現金。福特工廠的副產品也賣了三百七十萬美元。此外，福特將身邊的自由公債賣出，又得了七百九十萬美元。

另一方面，福特著手節省開支。由於當年為了適應戰時生產的需要，公司和工廠方面，無形中有了許多浪費情形。因此，福特將一千零七十四名職員，裁減為五百二十八名，其餘全部調往工廠生產部門。工廠中不必要的設備和工具，都予以適當的處理。

由於這種整頓，平均每輛汽車的事務費由一百四十六美元減至九十三美元。僅僅在兩個月之間，福特在銀行的存款，由兩千萬美元一躍而增至八千七百萬美元。五千八百萬美元的貸款，全部如期償還，並且，還多出了兩千七百三十萬美元。

不僅如此，原料公司也經不起福特汽車公司的關閉，終於將價格減至戰前水準，六個星期後，福特工廠又恢復生產。在這種情形下，金融界認為要宣告破產的福特汽車公司，不但沒有破產，並且，這一年的生產還打破了紀錄，總計售出汽車一百萬餘輛，利潤七千五百萬美元，創公司成立以來的最高紀錄。

福特汽車公司的縮減政策造成了一定的緩衝作用，但也損失了一大筆可貴的財產，那就是公司長年累月招募和培養的人才。有很大一批有經驗的管理人才和技術人才離開了公司，這給福特造成的損失是無法估量的。

其中最大的損失是那森的離去，大規模生產線的啟用就是他幫福特建立的，建設洛格河工廠，在全國建立組裝廠那森立下汗馬功勞。那森離開福特後即被通用公司錄用，隨後當上通用公司的總裁。他主持生產雪佛蘭迅速占領了福特車的市場，成為福特汽車公司望塵莫及的對手。福特自己也說那森是全美最好的企業家。他曾說：「我讓那森走，不是因為他不好，而是因為他太好了。」

另一大損失是在那森離去之前維爾斯的離去。維爾斯跟福特合作了將近二十年，從製造「福特一號」起就一直是福特的好幫手，T型車凝聚了他的很多心血和才華，福特也十分欣賞他發明的行星齒輪。

維爾斯是個有藝術家氣質的工程師，喜歡不斷創新，他對福特固守T型車的老技術很是不滿，福特不肯對T型車有任何的改動，他感到在公司已無用武之地，只得告退。

福特對維爾斯懷有萬分的感激之情，為了報答他對福特汽車公司作出的貢獻，福特贈送他一筆一百六十萬美元的退休金。

經濟不景氣期間，除了那森和維爾斯之外，先後從福特汽車公司離去的技術、管理、銷售人才中有被譽為「推銷世界冠軍」的銷售經理福斯汀，在他的努力下，T型車曾創下了年銷量近一百萬輛的佳績。福斯汀從福特汽車公司出來後，通用公司便向他伸出了橄欖枝，並且允諾給他年薪十五萬美元的報酬。

一時間，人才紛紛流失。人們曾把那句著名的「看，福特汽車駛過！」的廣告詞改為「看，福特人才駛過」。從福特汽車公司流失的人才，在世界最先進的工廠，經歷過世界最先進的生產方式和生產技術的薰陶，都具有很強的工作能力，後來他們中的大多數在各個領域都嶄露了頭角。

而在這同一時期，公司升起了兩顆明星，一是蘇納倫，另一個是喬治。

蘇納倫以果斷、強硬、蠻橫出名，福特倚重他，就是因為蘇納倫頭腦中的決策常常是果斷大膽的，而福特自己的性格又是靦腆含蓄的。要執行決策，必須有個蘇納倫這樣的鐵腕人物，而作為公司總裁的埃茲爾尤其需要這樣的人輔佐。喬治是福特的祕書，他配合蘇納倫組建了公司一套全新的管理系統。

那森後來評價福特說：「他自己從未開除過一個人，總是讓別人在幹。」這個「別人」指誰是不言而喻的。福特汽車公司後來越來越像個封建王國，福特獨裁專斷的作風也越來越明顯了，與這一時期內部的變化有著密切的關係。福特汽車公司之所以會走下坡路，這時已埋下了種子。

但是，應該說福特領導的這次整頓，在一個時期內還是收到了效果的，在公司所有人員的全力配合和支持下，奇蹟般地將T型車的生產推向了頂峰，也幫助公司度過了經濟危機。

T型車退出歷史舞台

福特汽車公司生產的T型車風靡全美市場，它在一九二三年的市場占有率達到了百分之五十七，創下了前所未有的世界紀錄。同時，在國外，T型車也取代奧斯汀、奧培爾、雪鐵龍這些名牌汽車而成了英、法、德等眾多歐洲國家市場的暢銷車。這時候，全球一半以上的車都產自福特汽車公司。

如此空前的銷售形勢使得福特本人對T型車有一種近似固執的偏愛。他認為T型車堅固、優秀、廉價，是任何汽車都無與倫比的。雖然它外表不是美輪美奐的，坐起來也不是很舒服，但對於一輛實用的大眾化的便民車來說，福特覺得它已是在可能的基礎上盡善盡美了。

T型車造就了福特，使他成為全世界最偉大的汽車製造者。他對T型車的感情是容不得任何人對它做任何改動的。

一九一二年，T型車推出才四年。這年福特帶著克萊拉和埃茲爾第一次訪問歐洲。回來時，發現海蘭帕克工廠院內擺著一輛改裝過的T型車，它增加了兩個門，這樣，就共有四個門了。這是工程師維爾斯特意將新型車擺出來，以此歡迎董事長福特旅歐歸來的。

但沒想到的是，福特陰沉著臉，一言不發繞著新車走了幾圈，把車門乒乒乓乓一開一關，又跳上車捶打玻璃，以此表達他的憤怒。自此以後，沒有人再敢提改裝的話題了。

一九一九年，維爾斯因福特不肯改進車子而離開了公司。至一九二四年，T型車銷售達到最高峰，埃茲爾接任總裁的職位也已經有五年了，他把T型車的車身縮短了四吋半，使得車子的外觀變得更加輕巧柔和了。但福特卻不允許，他命令埃茲爾將車恢復原形。不過他還是默認了埃茲爾做出的其他一些小改進，除了顏色不再是一律黑色外，還推出了封閉式車身的T型車。

但是T型車越來越不好出售了。這個消息最早是從各地的代理商反饋來的。他們都紛紛建議將T型車做大的改進。福特直截了當地告訴他們：「等我死後，你們做任何改動都無所謂，但只要我活一天，T型車就只能是現在這個樣子。至於不好出售，那是銷售員沒有盡力，要使他們盡力，只有促進競爭。」福特讓那些能幹的銷售新人去替換各地的老店主。

福特對經銷商們說：「先生們，據我看，T型車唯一的缺點是造得還不夠多、不夠快。」

老店主們個個哭笑不得。一時間，過去同行們所羨慕的福特汽車經銷商，現在成了同行冷嘲熱諷的對象。福特經銷商除了要推銷過時的T型車外，還要促銷洛格河工廠新開發的副產品，那就是化肥。

而這時通用汽車公司借重從福特跳槽過來的那森等人，推出了新型的雪佛蘭。雪佛蘭是一位瑞士移民的名字，是通用公司的建立者之一，他認為聯合不同的公司，可以提供不同等級型號的車子，可以讓客戶有更多的選擇。

雪佛蘭屬於通用公司新推出的廉價車，在一九二四年至一九二五年期間，銷售量從二十八萬輛增加至四十七萬輛，至一九二六年，它的銷售量達到了七十三萬輛，而且，這一成績主要是在福特汽車銷量大幅下滑的基礎上而取得的。

其他相關的統計數字，也是一個明確的警報。一九二三年，福特汽車公司生產的汽車，占美國汽車銷售總量的百分之五十七；至一九二五年，它的市場份額為百分之四十五，而且仍在不斷下降。福特最初的目標是每分鐘生產一輛T型車，在一九二五年，他開始將目標調整為每十秒鐘生產一輛T型車，但人們卻在紛紛購買其他品牌的汽車。

當福特感到來自雪佛蘭的壓力時，他又使出了自己的老法寶，那就是降價銷售。雪佛蘭無法在價格上與福特的T型車抗衡，那森就著力改善雪佛蘭的品質，它的發動機、它的車型年年翻新，適合在現代城市道路上駕駛，這種車子銷路一路飆升。

福特自己不贊成奢侈享樂之風，他認為汽車就是為人們提供出行方便的一種交通工具，如果大家都趕流行，那每過一兩年新車又被淘汰，這樣就太奢侈了。

但是福特不贊成是一回事，市場實際情況又是一回事。隨著汽車的普及，人們對汽車的要求也逐漸在變。不但講實用，還要講舒服、講美觀。美國道路的改善，使那種當初為適應崎嶇路面而設計的福特T型車顯得特別不合時宜。

經歷過第一次世界大戰，男士們都上了戰場，開車的女士越來越多。講究車子美觀、舒服的趨向也越發明顯起來。女士們對這些尤其敏感，因此，一律塗成黑色的高大的T型車自然被她們冷落了。

這時，還有一個非常重要的原因威脅著福特T型車市場，那就是二手汽車商的興起，這時已不比汽車剛開始發展的時候了。人們初步統計，一九二六年，世界汽車保有量為兩千五百萬輛。

這時候，追求時尚的人把舊車賣掉換新的，汽車市場上從此有了二手貨、三手貨。無論福特T型車降價降至什麼程度，也比不過二手貨便宜，它們只要幾十美元，甚至十多美元就可以買一輛，這樣，福特T型車連最大的優勢都不存在了。

這一事實迫使福特不得不重新考慮汽車公司的發展前景。再不對T型車做改造，福特會陷進無法自拔的泥坑。親朋好友在言談話語中也表現出他們對福特汽車公司的擔憂。

一封來自紐約的信說：「在紐約繁華的街道旁邊，停著一輛福特T型車，一群人圍著它指指點點。如果是以前，那一定是在讚美它，可是現在，圍著它的人們在說：『看啊，這是一輛過時的老古董。』」

福特每天中午都在工廠的餐廳吃飯，他不喜歡規規矩矩地開會，而喜歡與他的助手們在用餐時討論任何問題。公司所有的人都期待福特決定改型，但餐桌上誰也不敢多說話，只有埃茲爾能委婉地把大家的想法表達出來。

埃茲爾對福特說：「爸爸，您是福特T型車的創始人，您的理想和目標也都已經達到了，為了跟上時代的步伐，迎合市場需求，我們應該積極研究新型汽車才是。」

一九二七年五月二十六日，剛剛從流水線下來的第一千五百萬輛福特T型車輛緩緩地開出工廠大門。這輛車的兩側和車後用銀色的漆寫著「第一千五百萬輛福特車」。

由埃茲爾駕駛，福特坐在副駕駛座上。以這輛車為嚮導，福特汽車公司全體高層管理人員、高級工程師分別駕著自己的車，列成長隊，在濛濛的細雨中開向迪爾本的實驗室。

這是為了紀念第一千五百萬輛，也是最後一輛福特T型車出廠而舉行的盛大告別儀式，這是一次紀念式的旅行。

在迪爾本的這座實驗室裡，第一輛T型車和一八九六年問世的那輛不用馬拉的「無馬車」並列停放在一起。福特駕駛著這輛汽車在廣場上繞來繞去，汽車史上的一段輝煌篇章即將結束。埃茲爾和父親都很清楚，公司未來的前景難以預測，因為此時，他們正身處一個變幻莫測、競爭激烈的大環境中。

當福特T型車停止生產後，工廠的機器運轉也漸漸緩慢下來，最後終於停止了。福特T型車代表了整整一個時代，一個老式汽車的時代。當外界人們知道它從此不再生產的時候，很多人還在懷念它。一位客戶給福特寫信，要求福特汽車公司每年要小批生產這種車。

還有一位紐澤西州的女士，當聽說福特T型車停產的消息後，一下買了7輛這種車，她說這一輩子她都不願改乘別的汽車。

福特一是為了滿足這些客戶的願望，二是為了平衡自己的心理，在停止製造福特T型車之後的五年中，仍然生產了大量的T型車零部件。所以，實際上，最後一部T型車不是第一千五百萬輛，而是第一千五百四十五萬輛。

兩度推出新型汽車

福特T型車改型轉產，給福特汽車公司帶來強烈的陣痛。這種車的生產線已經停止了，但新的車還沒有試製出來，這時的福特已經是六十四歲的老人了，他感到自己肩上的擔子十分沉重。

福特汽車在過去的幾十年，公司曾經生產了世界半數以上的汽車，最忙時有十二萬員工，僅在美國就有三十六家分廠。但是這麼龐大的生產系統，突然間面臨沒有產品的局面，這個風險就不言而喻了。現在不僅是公司的所有員工在關注著公司的發展前途，就連全美國都在感受它的陣痛。

福特T型車的生產線關閉後，底特律的失業人數激增，達到了六萬人，全國將近一萬家福特經銷商只好靠賣舊車和零件維持生存，大約五十萬靠福特工廠為生的人受到了影響。人們都在翹首以待福特的新車出世。

但是福特對於新車什麼時候完成並不著急，他關心的首先是要推出的是一部什麼樣的汽車。他要求的是這部車必須性能良好，完全符合市場的需求，從前面的車燈到後面的警示燈，整個車子都要徹底改革，要以和福特T型車完全不一樣的面貌出現在大家面前。

福特想製造一輛外觀迎合顧客喜好的車，當然，最重要的還是製造技術的改進。還有一點，它要比福特T型車更廉價。福特非常有信心，他是汽車王國的拿破崙，在他的字典裡也找不到「失敗」這個詞。他堅信福特汽車公司可以造出比雪佛蘭更好的車。

研製一部新車，一般需要一年以上的時間，福特汽車公司在此期間完全沒有了收入。一部分工人停工回家，技術人員則要夜以繼日地進行研究、設計。每當這種時候，福特的情緒就特別興奮，可以整夜不眠不停歇地連續工作好幾個星期。

福特汽車公司的一切制度都為研究新車開綠燈。負責設計新車的主任想要重新建立一間設計室，福特任他挑選合適的地方。結果他在迪爾本的曳引機廠找到了一間圖書室，便對福特說：「這間圖書室很不錯，可惜中間有個大壁爐，不是很方便。」

這個圖書室是福特模仿他少年時代讀書的教室建的，那個壁爐是他當年整日面對著想入非非的相思爐。

「那是我最喜歡的壁爐，不過沒關係，如果你願意的話，可以把它拆掉。」

設計主任聽了福特的話連忙改變了主意，說重新找地方。最後還是福特找來木匠，把圖書室隔成兩間，並在隔牆上掛了塊大黑板。

當他們布置好後，正好克萊拉來了。她看到圖書室被隔開，便很不高興，她有時喜歡到這裡看書，好好的房間，為什麼要搞得亂七八糟？福特對她作了解釋，克萊拉就不再生氣了。

福特在這間設計室裡為自己放了一張安樂椅。他經常跑到這裡，坐在椅子上看著技術人員畫圖、計算。這對他來說簡直是一種享受。有時，工程師們在黑板上畫草圖，他會時不時插兩句「軸承太長了，應該縮短四分之一……」，「這裡角度太大，再調小半度」等。

經過艱苦的奮鬥，新車的樣車終於製造出來了，福特親自試車。他要以顧客的眼光挑剔自己的車子。當他坐進車子裡時，故意用力把車門「砰」的一聲關上，用力踩踏板，以全速在崎嶇的路上行駛，故意往木樁上、石頭上軋。

試完車，福特認為車子顛簸得太厲害，應該裝上最新式的液壓防震器。可設計師們說，這種液壓防震器太貴了，對一種廉價車來說，會抬高成本。福特勸他們不要吝嗇這點成本，就是再貴也要讓車子坐著舒服，至於價格問題等汽車造出來以後再商量。

埃茲爾是個優秀的機械設計師，新車的發動機和外觀都是他親自設計的。他把汽車塗成四種顏色，深受顧客的歡迎。

新車的價格由福特定，他的原則是絕不能高於福特T型車，最多只能和福特T型車的價格持平，這比雪佛蘭汽車還要便宜一百美元以上，它仍屬於平民的實用車。

一九二七年八月，新車的原型準備就緒。要將它投入大規模生產，還需要一段時間重新安裝生產設備。如此大規模的改造，在美國的汽車史上也是聞所未聞的。公司需要生產大約六千個新型零部件，還要二十四小時不間斷地工作，以便及時生產出製造零部件的生產設備。

如此龐大的工程，福特汽車公司依靠自己的力量僅僅在一年時間內就完成了。這樣的工作效率和魄力可謂是驚人的，可以說是汽車工業中前無古人，後來者也很難有此舉措。

而蘇納倫和喬治為此付出了大量的心血。同上次的經濟危機一樣，他們精兵簡政，又一次大刀闊斧地在公司內進行裁員。這一時期另一位重要人物哈里則正在青雲直上。

十月初，這項工作終於完成了。十月二十一日，第一個新型車樣品下線了。福特把它稱為「A型車」，這是他當初為首輛投放市場的汽車所起的名字，似乎在公司前進的過程中，他依舊無法拒絕再次回顧和品味他的光輝歷史。

在十二月以前，公司進行了鋪天蓋地的廣告宣傳，在全國主要報紙上，連續三天刊登了整版廣告，這強烈地刺激著公眾本已十分強烈的需求。

福特汽車公司於一九二七年十二月二日在全國各大城市展出A型車。在紐約百老匯的福特汽車陳列室，清晨三點就有人等著參觀。陳列室經理只得在天亮之前租下鄰近的廣場以疏散人群。

A型車在全國展出一天半，參觀的人達一千萬之多，有的城市不得不動用警察來維持治安。在歐洲展出的情形也一樣，英國鐵路局為了便利人們前往參觀福特A型車，特別加開了一列開往倫敦的列車。

早在關閉福特T型車生產線，宣布將生產一種新車取代它時，很多想購車的人都按兵不動了，他們都等著福特汽車公司的新車上市。這一年，美國的汽車市場銷量減少了近一百萬輛。

那些等待福特汽車的人，口味被吊了一年多。當福特汽車公司掀開帆布，將A型車亮相的一刻，期望值頗高的觀眾們熱情並未削減。它跟當時流行的車比起來確實有很多優點：簡單、結實的傳動變速系統，液壓減震器和可充氣的皮坐墊，低壓輪胎，電動啟動器，引擎雖只有四汽缸，但它的馬力不亞於六缸或八缸的，整個機械部分都藏在車身內。

A型車速度快，駕駛簡單，乘坐舒服，特別是價格便宜，每輛車僅售四百九十五美元，即使是有錢人坐在上面也不會覺得丟面子，它既大方又現代化，很符合顧客的消費需求。

由於公司宣傳工作做得非常到位，所以在新車還沒有正式出售時，福特汽車公司就收到了四十多萬輛的訂單。這麼多的訂單，在短期內根本無法趕製出來。於是一些政界、商界、娛樂界的知名人士凡是能與福特汽車公司的人員有點交情的，都會找上門來，請他們設法幫忙弄輛車子。因此，這時候能坐上A型車的人，大多是在地方上有點地位的人。

好萊塢的一位明星是第一個擁有A型車的人，他打電話給埃茲爾，說他以成為加利福尼亞第一個A型車車主感到十分榮耀。已從公司辭職，成為參議員的庫森斯也要求福特配一輛車給他，他應該是華府第一個擁有A型車的人。埃茲爾給他的車子引擎號碼是三十五號，這是庫森斯以前在公司工作時乘坐的老A型車引擎的號碼。

在A型車未推出之前，雪佛蘭汽車曾經一度躍居美國汽車銷量之冠。通用汽車公司的方針是以製造高級車為主，他們從不在福特汽車公司的傳統領域廉價車上做文章。他們生產的車至少比福特車貴一百美元以上，而且年年更新技術，講究外觀漂亮。因此，他們的車也很有市場。

另外，汽車界的後起之秀克萊斯勒也推出了他們的新車普利茅斯汽車。這種車也相當優秀，當它剛造出來時，克萊斯勒就將它開到福特汽車公司去。他請福特和埃茲爾看他的車，並載著他倆在廠裡繞了一圈，然後把車交給他們，要他們親自駕駛試試。之後他又把這輛車送給福特父子了，自己坐計程車回去了。

福特仔細地看過這輛普利茅斯車後，也不得不承認，它在某些方面比福特A型車和雪佛蘭汽車都要好。以後克萊斯勒迅速崛起，成為美國第三大汽車公司。它和福特汽車公司、通用汽車公司總共生產了全美百分之八十的汽車。

一九二九年是A型車最輝煌的一年，這一年，福特汽車公司共銷出一百五十萬輛A型車，占市場份額的百分之三十四。雪佛蘭汽車仍比它少四十萬輛，低十四個百分點。

雖然A型車在美國本土銷售業績襲人，但福特公司在海外的發展卻不盡如人意。在美國成為世界最大的汽車生產製造國後，對外的汽車輸出量也隨之增加，而在所有的汽車出口量中福特公司是最高的。

在英國，福特汽車公司有兩個強勁的競爭對手，一個是奧斯汀汽車公司，另一個是莫利斯汽車公司。福特A型車性能雖好，但是它的車體較大，並不適合在狹窄的英國馬路上行駛。

為了適應英國的環境，打開英國汽車銷售市場，福特英國分公司將它改製成較小的Y型車，英國人稱它為「小福特」。沒想到，這種小汽車在英國大受歡迎。

但是在法國，福特汽車公司的發展卻不是很順利，法國人採取貿易保護政策，對外國進口車加以限制。這樣一來，就促進了本國汽車雷諾、雪鐵龍的生產。而在義大利，墨索里尼要求福特汽車公司與菲亞特公司合作，否則就不准福特汽車公司設廠，福特沒有答應墨索里尼的這個無理要求。

在德國，納粹政權建立之前，福特汽車公司在歐洲大陸銷售最為順利，雖然德國本土有優秀的奔馳車，但福特汽車公司建立的銷售網點仍達五百家之多。納粹奪取政權之後，希特勒想借助福特汽車公司先進的技術、優秀的設備，合作製造德國的廉價車，但福特沒有答應這個要求。

其後，福特到歐洲各地的分公司進行巡視，途經德國時，他沒有去拜訪希特勒。當希特勒的法西斯面目越來越猖狂，美德成為交戰國時，福特便召回了他在德國分公司的所有經銷點，從此結束了福特汽車公司在德國的業務。

在日本，福特汽車公司建了三家組裝工廠，設備都非常先進。但是日本也有本土汽車製造業的保護政策，制定了嚴格的進出口限制制度。建在日本橫濱工廠的產品只能在日本國內銷售，業務不能隨意拓展。

福特T型車在市場暢銷了二十年才拆除生產線，福特想現在A型車既然比T型車更加優秀，那麼至少也可以暢銷很多年。

可是，福特又錯了，時代前進的步伐邁得更快了。在工業化時代，統治市場二十年之久的產品是絕對不可能再有了。A型車其實只暢銷了四年，就開始不受市場歡迎了。它暢銷的這四年正好是全球性的經濟危機再次爆發的時候。

A型車的暢銷為福特汽車公司度過最初的危機解了圍，但是盛筵難再。一九三一年，A型車銷量驟減，甚至不及上一年的一半。與此同時，克萊斯勒生產的普利茅斯汽車和通用公司的雪佛蘭汽車都超過了它。福特汽車公司的服務對象是平民階層，而這些人在經濟危機時期總是最先受到衝擊的。

福特解決困難首先還是想到了老法子：降價。通用公司和克萊斯勒公司也被迫隨著降價。但是，這次降價也扭轉不了A型車銷路下降的局面，而克萊斯勒的普利茅斯卻不斷地創造新業績，福特這一舉是為別人做了嫁衣。

這時的福特也終於認識到，福特汽車公司的毛病在於車型過於單一。此時，他著手改造福特A型車，但改良後的A型車仍不能獲得顧客的青睞。因此，福特下決心再做新的嘗試，研製一種新車。新車要超過雪佛蘭，雪佛蘭是六缸，福特的新車要裝八缸的發動機。

在當時，八缸發動機並不是新發明。在早在一九一四年凱迪拉克就造出過一部八缸的汽車，至一九三〇年，部分公司還造出了十二缸和十六缸的汽車。但問題在於這些車都是手工製造出來的，造價十分昂貴，要大量生產是一件非常不容易的事。而福特所要的是以其他公司四分之一的價格生產出同樣優秀的汽車來。

回到公司後，福特命令引擎實驗室的工程師們把他們所能找到的八缸引擎都找來。他們積極地著手研究，很快造出了第一批樣品，這是些由兩三個引擎組合成的八缸引擎。但是福特並不滿意，他要的是由兩個四缸引擎組合起來的那一種。

福特汽車公司花了整整三年才研究出V-8發動機。V-8引擎是把兩個四缸引擎排成直角組成的，大小和四缸引擎差不多，但功率卻是六十五馬力。在所有福特汽車公司以前出品的汽車當中，V-8車是外觀最漂亮。

V-8車的車體很低，外側用不鏽鋼製成，顯得非常明亮，整體呈流線型，加上座位低、彈性好，坐上去十分舒服，又因為應用了大量橡膠，所以車體震動時噪音很小，駕駛時也非常平穩。

福特這次改變了單一車型的舊例，總共為V-8設計出十四種車型，價格最高的六百五十美元，最便宜的四百六十美元。它雖然具有高雅的素質，卻仍然是平民買得起的實用車。

V-8引擎後來經過不斷改進，成了福特汽車公司壽命最長的引擎，直至一九五〇年代才退出市場。

曾經有兩個犯罪分子，他們在佛羅里達州偷了一輛V-8車作案，這輛車已經行駛過一萬多公里。這次作案中，遭到了當地警察的伏擊，警察用各種輕重武器向它掃射，車身中彈一百零七發。當警察把兩具屍體從車上抬下來後，通知當地的福特經銷商把汽車拉走，但令人們沒有想到的是，這輛車竟然還能若無其事地在路上行駛。

V-8車一推出，就風靡全美市場，它幫助福特汽車公司度過了美國經濟最不景氣的時期。

年近七十歲的福特，不知疲倦地迎接了一個又一個的挑戰。可是，畢竟從T型車到A型車，又由A型車到V-8車，福特汽車公司經歷了兩次規模龐大的生產方式的調整，很是有點傷筋動骨了。

那時，福特汽車公司光為了改建V-8引擎的生產線，公司經理蘇納倫就作了五千萬美元技術改造的預算。福特已經感到有些不堪重負了，它的實力已經落在通用汽車公司的後面，甚至克萊斯勒也開始超越了它，福特公司已從世界第一退居為美國的第三大汽車公司。

回憶中度過晚年

當一個人成為他自己的主人時，不論他是什麼，他都獲得了他的學位，因為他已經進入了智慧之國。

——福特

尋找兒時的回憶

在密西根州休倫湖畔，一個荒無人煙的地方，有兩位男士一言不發地在那裡揮舞著鋤頭。一位是看起來已經有六十歲出頭的清瘦老人，另一位是裝束整齊的青年紳士。

在田埂旁邊停有一部高檔汽車，由此而知，他們不是一般的人。八月的太陽似如烈火，兩個人一邊擦著額頭上的汗水，一邊努力地挖掘著，他們用鐵鍬已經掘了整整半個時辰了。

真是怪啊，他們究竟在挖什麼呢？但沒一會兒，就看見他們從地下挖出來一個已經破爛生鏽的火爐。這時老人彎著腰嘆著氣說：「不是這個！」說著，臉上帶著非常失望的表情，把手裡的鐵鍬也扔到了一邊。

「爸爸，不是說『斯德拉多』嗎？」青年彎下腰，看著火爐的商標說。

「沒錯，是『斯德拉多』，不過，我找的是二十五型，要比這個大很多的那種。」

說話的不是別人，正是福特父子。福特為什麼要找那樣舊的火爐呢？他現在已經是舉世聞名的世界汽車大王了！原來，這裡曾是福特幼年時代，受父母慈愛撫養成人地方，是值得懷念的老家。但這個家，現在連影子都找不著了。

「我真希望把老家重建起來啊！」

福特當時下了很大的決心。憑他那不平凡的記憶力，只要閉上眼睛一想，五十年前的家就如同擺在面前一樣了。福特根據自己的回憶，著手設計，自己在現場監工，所有的屋頂、柱、牆壁和地板等，都和以前的家一模一樣。

房屋建好以後，福特又開始收集那早已丟失的家具，像當時所用的煤油燈，廚房裡的椅子和放碗、盤的櫥櫃……最煩心的是鋪在地板上的地毯，他十分清楚地記得，上面繡有玫瑰的花紋，現在想尋找相同的地毯，實際上是不可能了。

但福特並不死心，他委託福特汽車公司的支店和代理店來幫忙尋找，兩年以後，終於在一家舊貨鋪裡，找到一張大小、花樣和從前用的完全相同的地毯。最後所缺的，就只有火爐了。

「埃茲爾，真是可惜啊！但我並不失望。」

「是的，按爸爸的秉性來說，當然是如此。不過，爸爸，我們不必自己動手來挖了，請別人來替我們挖好嗎？」

「好的。不過，小時候你祖母常對我講過的話，我至今都不能忘記。她說凡是自己喜歡的東西，都要親自去尋找。」

轉眼之間，又過了兩年。在這時，福特聽說住在密西根州的一個地方醫生家裡有個「斯德拉多」二十五型火爐。福特一聽，就馬上跑到那兒去打聽了。

「非常抱歉，冒昧地打擾了，我聽說府上有一八六七年底特律火爐公司所造的火爐，是嗎？」

這位醫生對突如其來的客人有點詫異，回答道：「是，有的，請問您問它做什麼？」

「希望能夠轉讓給我。」福特懇切地說道。

「你要那個破火爐？」醫生很驚訝地看著這位陌生的老紳士。

「你需要的話，隨時可以讓給你，反正我們也沒什麼用了。不過可能太破舊了，到倉庫裡去找找看吧！」

福特到倉庫裡一看，果然有一個古色古香的火爐，和其他的東西亂七八糟地堆放在一塊。

「就是這個！請轉讓給我吧！」福特很興奮地說道。

「沒有關係，你拿去吧！」

「謝謝！哦，對了，這個請你收下來。」福特說著，從衣服兜裡取出二十五美元的鈔票。

醫生帶著驚奇的表情，接過了錢。因為這個東西如果送給收舊貨的，恐怕他也是不會要的，而福特卻以二十五美元跟他做交易。這位地方醫生如果知道對方是福特的話，就是要再怎麼高的價錢，福特也會如數照付的。

於是，與那三十年前完全一樣的家又呈現在福特的眼前了。陳舊的火爐，燃著熊熊的火，爐頂的牆壁上，掛著母親瑪麗的遺照，面露笑容。母親房間的窗簾和從前一樣地掛著，母親所用的搖椅，仍舊原封不動地放在原來的地方。

福特一邊在火爐旁邊取暖，一邊心滿意足地說：「這樣，總算和以前的家完全一樣了。」

他彷彿看到了，在屋裡忙碌著的母親正對著他和藹地笑呢！突然，福特的腦海裡想起一件事情。原來，他想起小時候玩的小提琴來了。

福特記得十七歲離家出走到底特律工作時，小提琴是掛在倉庫的牆壁上的。當他二十歲回家的時候，那把小提琴就已經沒有蹤跡了。假如福特沒有驚人的記憶力，也許不會再想起那把已經丟失的小提琴了。

「真奇怪！小提琴究竟到哪裡去了呢？」福特自己嘀咕著。

差不多過了一個月，福特坐在公司的董事長室裡，一個清潔工走了進來。

「有什麼事嗎？」福特隨口問道。

「您不記得我了嗎？我是湯姆．希金斯。」

福特聽了這句話，忽然想起了從前的事情。

「啊，記得了，在小孩子的時候，你比我小五六歲，你就是那個叫湯姆的頑皮小孩呀！」

「是的，您的記性真好，居然還沒有忘記！」

「嗯，怎會忘記呢，有什麼事情嗎？」

不知什麼原因，那名清潔工人用手捂著臉說：「福特先生，我今天是來向您贖罪的，我做了一件很對不起您的事情。」

那名清潔工一面說著，一面把夾在胳肢窩裡的一個口袋解開，拿出了那把最值得福特紀念的小提琴。

「這是怎麼一回事呢，這把小提琴怎麼會在你手上？」

「好吧，我對您說個明白吧！當您離家到底特律市去以後，我到您家的庫房裡去玩，看見這把小提琴在牆壁上掛著，我非常喜歡，於是就偷偷地把它帶走了。」

「那麼，你把它拿回家去，怎麼對家裡人說的啊？」

福特一面問著他話，一面目不轉睛地看著那把失而復得的小提琴。「我好像是告訴家裡的人說，是在路上撿到的，也許是從馬車上掉下來的！那還是十歲時候的事情，已經記不大清楚了。」

想想看，當時兩個少年站在同樣的人生起跑線上，一個成了世界的鼎鼎有名的汽車大亨，一個卻是在工廠裡做清潔工。

「嗯，想想過去的事，真令人懷念呀！多虧了你，使我能重新找到值得紀念的小提琴。」

「您這樣講，倒使我安心多了。」

說完，那名清潔工又寒暄了一下就出去了。福特隨即抱起他的小提琴，愛不釋手。

在腦海裡翻騰著童年的一幕幕……

修建自然歷史村

從一九一八年至一九二四年，福特為了排遣工作上的不愉快，經常出去旅行解壓。他每年都和著名的發明家愛迪生、博物學家兼詩人約翰·保羅到鄉間去放鬆一下。

有一年是福特和總統一起去的。每當他們躺在草地上仰望星空時，每當他們挽起褲腳在河邊釣魚戲水時，他們才感到自己也是世界上最幸福的人。這些偉人自稱是可憐的流浪漢，只有在盡情放鬆的時候，他們才讓人感到這幾個人的腦袋瓜跟平常所有的人都一樣，沒有什麼特殊之處。

福特非常喜歡自己在迪爾本洛格河岸邊的家，他美其名曰「仙境」。本來福特已經在底特律的富人聚居地買了一塊二十萬平方公尺的地，準備建造一棟別墅，後來又改變了主意。因為福特跟一些富人合不來，特別是薪資改革，將日薪調到五美元的事，這讓福特跟有錢人劃清了界限，甚至有人說福特是「資本主義的叛徒」。為此，福特下定決心回到他的鄉下去，在迪爾本的洛格河邊安家。

在一九一四年，福特在迪爾本買了一千六百萬平方公尺的土地，修建了鳥兒的樂園，在洛格河邊為自己建了座別墅。福特喜歡平房，房子屋舍高大，建得樸實無華，但很舒適。跟普通的民居比較，唯一不同的是整座房子中有一間是用來發電的。借洛格河水發電，供附近的居民使用。

別墅四周全是森林，福特在森林裡做了兩千多個鳥窩。他特別喜歡這些長翅膀的小精靈。別墅裡建了一個游泳池，還有保齡球道和一個小型的高爾夫球場。

克萊拉非常喜歡玫瑰，她在房子周圍種了各種顏色的玫瑰。福特不是很喜歡種花，他只青睞於戶外運動。散步、溜冰、跳籬笆都是他的強項。

有一次，他正在外面活動身體，標準石油公司的董事長洛克斐勒來拜訪他，福特立刻從窗戶中跳了進來，把專心致志走路的洛克斐勒嚇了一大跳。

此外，福特還是一位舞蹈愛好者。他跟克萊拉就是在舞會上相識並結婚的。但福特不喜歡只有兩個人跳的舞，他認為單調沒氣氛。相比較而言，他喜歡一群人圍在一起跳的土風舞。這種舞跳起來大方，動作幅度大，也有助於健康，而且許多人在一起跳，既能交流感情又非常熱鬧。

一天晚上，福特和克萊拉坐在家中一間像船艙似的房間裡閒聊，克萊拉忽然提起：「親愛的，你不覺得我們結婚後，就沒怎麼跳舞了嗎？」

福特聽克萊拉這麼一說，想起了昔日的生活，他很想舉行一次老式的鄉村舞會，重溫舊日的溫馨。

於是福特請了一位專門的舞蹈老師，又組織了一支由揚琴、提琴、銅管和鼓組成的樂隊。福特本是跳舞高手，他很快恢復了靈活優雅的舞步，這樣他又去教其他人。只要有空閒，福特和克萊拉就興致勃勃地研究、編寫舞蹈教材，分發給公司的員工和福特職業技術學校的學生們，讓大家一起學習。

福特在公司裡大力推廣舞蹈，他認為工廠不僅要有機械的物質生產，而且還應該樹立一種屬於公司的精神風貌。雖然他不是有意識地編制這麼一種計劃，但他確實是較早注意企業文化的人。但沒多久，福特舉行的舞會就漸漸演變成了一種社交活動，應邀來參加舞會的都是些社會名流貴族，失去了剛剛成立時民間質樸的色彩。

一九二三年，福特參加競選，有些波士頓人為了搶救位於麻薩諸塞州沙德伯雷古老建築，找福特尋求贊助。福特乾脆一口氣包下來，他花了二十八萬美元將整個地區都買下了，並且還讓公路改道，避免了汽車和集市對這棟古老建築的損害。

「路邊客棧」建於一六八六年，是美國最古老的一家客棧，也是美國的名勝之一。美國的開國元勛華盛頓、拉斐德、朗費羅都曾在這裡住宿過，福特對這所古色盎然的客棧頗有興趣，就特地在這裡住了一晚上。

福特把整個地段買下後，將它建成一個殖民時代的美國社區中心。村子裡住的全是清一色的清教徒，他們穿著打扮都是十八世紀的風格。福特還專門從新英格蘭買下幾棟古建築搬到這裡復原，後來又在附近的村子裡發現了一座老式學校，福特也把它買下了。他總共花了一百五十萬美元在「路邊客棧」上。

有了「路邊客棧」的開始，找上門來尋求福特幫助的人就更多了。有人甚至還提出請福特在麻薩諸塞州的沙蘭姆重建艾塞克村，在此重現當年先祖們墾荒拓業的情景。

另外，還有一位維吉尼亞州的牧師顧德溫也找到福特，希望福特出資將威廉斯堡建成一座十八世紀的小鎮。福特沒有答應他，還讓他去找石油大亨洛克斐勒試試。洛克斐勒默認了顧德溫的提議，出資修建，這樣威廉斯堡成了當今美國一處重要的名勝古蹟。

福特自己有了個更詳熟的計劃，他看中了克萊拉家鄉附近的「波茲福客棧」，那裡叫格林斐爾德村，離法明頓鎮很近。他想好了，要分兩部分來重現歷史。一是建立一個自然村，體現美國先民的鄉村生活風貌；二是建立一個機械博物館，收集所有的發動機和機械，展現現代科學技術的發展過程，機械博物館就在自然村旁邊。

為了建設自然村和機械博物館，福特需要收藏很多的文物古董。從家具、機械到鍋碗瓢盆無所不需。他找人四處收集，自己也出去尋找。福特常常是帶著一個隨從，穿著極為普通的衣服，舉止像鄉間紳士，他們拜訪了麻薩諸塞州的所有古董店。

福特和隨從進了店門，這裡瞧瞧，那裡摸摸，很快將店子打量一番，福特跟隨從交換一下眼神，點點頭，隨從就心領神會。等福特走後，年輕的隨從就來找老闆，請他把店裡的東西出個價，也不討價還價。便告訴店老闆打包裝箱，運到底特律的格林斐爾德村。

福特收來的東西全是早先農村生活的日常用品，有燈籠、家具、香菸、鐘錶、玩具、樂器、瓷器、奶瓶、縫紉機、醬油碟，還有機械、農具、馬鞍等，五花八門，應有盡有。

看了這些東西，就可以知道美國這個國家是怎樣一步步發展起來的，美國人吃的是什麼，穿的是什麼，他們過著什麼樣的生活，而造成今天的文明。福特收集這些東西都一一再現了美國的歷史。

機械博物館首先竣工，福特將它命名為愛迪生博物館。它的外觀是模仿美國三處歷史名勝修建的：獨立廳、國會廳和費城的老市政廳。三棟房子並排而立，裡面陳列著福特小時候在農村用的蒸汽機、木製的飛機、各種型號的福特汽車、腳踏車等。

一九二八年九月二十七日，博物館舉行了開館儀式，由愛迪生主持，福特請這位他最崇拜的著名科學家在門廳一塊未乾的水泥地上留下他的腳印及名字。

自然歷史村建在格林斐爾德的綠野上，它的工程大得很，福特需要整整十年才能完成它。建成後，村子禁止汽車進去，觀眾都是騎馬或坐馬車去參觀，從一棟一棟的建築物看下去，美國先民們的生活便會呈現在眼前。

現在，遊人們最欣賞的是這裡濃厚質樸的鄉村氣息：村中鋪著幾條石子馬路，街角掛著汽燈，村中的交通工具是幾輛瘦馬拉的大車，英格蘭式的鄉村教堂旁邊立起一具風車，林中有一個隔海圍成的人工湖，湖中停泊著一艘老式輪船，村中的幾處店鋪雇了一些老匠人終日在打鐵、吹玻璃、縫皮鞋……

遊人到了格林斐爾德的自然歷史村，的確有一種回到十九世紀美國鄉村的感覺。在格林斐爾德村裡，福特仿造了不少美國偉人的家。福特造了一棟有名的教育家馬克加菲出生時的簡陋木房。

此外，為當時人們所敬愛的平民作曲家霍斯特所住的房子，也是從賓夕法尼亞運來的。這位作曲家所作的《肯塔基老家》及《老黑爵》等曲目，都頗為人們所愛好。後來，馬爾斯的家也搬到村子裡來了，因為福特喜歡這位作家的作風。

愛迪生的家在格林斐爾德村子裡的地位也非常突出，它占的地比福特出生的地方大得多。在愛迪生的研究室旁，有一條鐵路沿著村子而建，並修了一個小型車站，那就是愛迪生做實驗時不小心爆炸，導致火車停車的「小溪站」。福特還特意在愛迪生的家鋪上了好幾車從紐澤西州運來的泥土。就這樣，自然歷史村中的一切都模仿得唯妙唯肖。

開幕那天，愛迪生特地趕來了，這位八十二歲的科學家捧起故鄉的泥土顯得神情激動。愛迪生在為他仿建的家裡看了又看，對一切都感到很熟悉，也很滿意。

「造得很好，這個建築百分之九十九和從前一模一樣。」

福特聽了，問道：「那百分之一有什麼不同呢？」

「太清潔了一點，我以前的房子哪有這麼乾淨啊！」這位嚴肅的發明大王微笑著望著這位最愛好清潔人。他的話，自然是在跟福特開玩笑的。

一九二九年十月二十一日，福特為自然歷史村舉行開幕典禮。其實這個工程還遠遠沒有完成，福特之所以選中這天舉行開幕儀式，是因為這一天是愛迪生發明電燈五十週年的紀念日。

胡佛總統親自趕赴會場並主持儀式。來賓中有鐳的發明家居李維人、發明飛機的萊特兄弟，還有一大批其他貴賓和新聞記者。愛因斯坦也為福特的自然歷史村發來了電報。

在夜幕降臨後開幕式進入高潮：愛迪生、福特和胡佛總統走進愛迪生博物館，數百名來賓坐在燭光之中，這時愛迪生走到前面，用手拉開了電閘，頓時博物館裡燈火通明。

自然歷史村的整個開幕式由廣播電台進行了實況轉播，福特自己非常激動，雖然沒有講什麼話，但他感到十分高興。他完全有理由相信，在美國的偉人當中，他也是榜上有名的。

自然歷史村在一九三七年最後竣工，成了底特律的一處名勝。成千上萬的遊客來到這裡看著那噴出白霧的蒸汽機車，看著那林肯遭暗殺時坐的血跡斑斑的搖椅，會不知不覺回到遙遠的年代。

福特是位很有天賦的藝術家，他的腦袋裡總會冒出新奇的花樣。格林斐爾德村的構思為殖民地博物館威廉斯堡，甚至為迪士尼樂園的設計提供了啟發。

福特是農民的後代，他最終把自己濃濃的思鄉之情化為具體的實物。他喜歡在村裡舉行鄉村舞會，喜歡全家人聚在迪爾本過聖誕節，他滿心歡喜地跟著一群小學生一起坐在鄉村老式學校的教室裡聽課，然後回憶自己上學時期的大火爐，想起自己的調皮搗蛋……

積極倡導綠色生活

福特年長了，每天仍舊是一大早就到公司去，辦完應辦的公事以後，才到公司的餐廳去用早餐，時間大概是上午十點左右。有時，也會弄到下午兩點左右。

福特打開飯盒，裡面裝的都是胡蘿蔔。世界第一的大富翁吃這樣的盒飯，真令人不敢相信。不過，人們都認為，胡蘿蔔從營養方面來說，是最合乎理想的食物。

「你嘗嘗看。」福特首先推薦胡蘿蔔給一位董事，董事不好意思，就勉強嘗了嘗。

「您的身體真好，但您這樣不會傷風嗎？」一個董事問福特。

在那冰冷的冬天，福特不穿大衣也不戴帽子，滿不在乎地騎著腳踏車在工廠各處跑來跑去。

福特回答說：「嗯！沒什麼，我的身體絕不做無益的事情，否則，便會招致疾病。多運動，節制食量，呼吸新鮮空氣，人自然就會健康。」福特經常鍛鍊，所以從來沒有因病休息過。

「董事長，聽說您能活到百歲，是真的嗎？」另一個董事問。

「嗯，有沒有這樣說過，我也記不清楚了。不過，活到百歲，也並不是沒有可能。你知道哥爾那洛這個人嗎？」

「哥爾那洛是什麼人？」

「哥爾那洛是十五世紀威尼斯的貴族，年輕時生活放蕩，損害了身體，三十五歲時，醫生勸告他，長此下去，將有生命危險。於是，他開始注重保養身體。後來八十三歲的哥爾那洛寫了一本叫做《節制生活》的書，裡面都是些長壽的經驗之談，這真是難能可貴。」

「哥爾那洛是一個長壽的人嗎？」

「是的，他活到一百多歲。所以，我想哥爾那洛能做的事，我們也能做。而且哥爾那洛年輕時，還過了一段荒唐的生活，我一生卻從未有過那種情形。」

福特認為自己已經是個長壽的人了。

「哥爾那洛的健康長壽方法，內容是怎麼樣？」董事們很有興趣地問道。

「第一是要節制飲食，不能吃得太多。這點應該多注意，吃得太多，就像是用自己的牙齒掘自己的墳墓一樣。昨天晚上，我多吃了些雞肉，這會兒就有點兒不舒服了。雞本該是鷹最喜歡吃的食物。」

「不能吃葷的，是嗎？」

「不是不能吃，而是不能過量，最好還是常吃蔬菜。你看，就像這種胡蘿蔔就是很有營養的蔬菜。」

福特笑著又吃了一大口胡蘿蔔。實際上，福特因為吃胡蘿蔔的關係，年紀雖然大，身體卻非常健康，雖然是清瘦了一點兒，但精力卻十分充沛。

在一次集會中，有一個朋友開玩笑地對福特，說：「你要多吃點好東西啊，看你餓成這個樣子。」

福特答道：「你別看我這樣，我可是沒到醫院去看過一次病！上次，我因為有點兒別的事情到福特醫院去的時候，正好看見一個像你一樣胖的人，因為吃得多的緣故，正在做手術呢！」

福特是一個主張吃素的人，也提倡綠色生活。所以，當福特為了宣傳吃胡蘿蔔而舉行盛大宴會時，底特律的實業家們都相對無言。那一天晚上的十二道菜，雖然都是由名廚烹製，滋味各有特色，但每一盤菜的原料，都是胡蘿蔔。

從頭到尾，都是千篇一律的胡蘿蔔，客人總覺得不是味兒，都怨聲載道。

「胡蘿蔔營養的確豐富。」

「不但營養豐富，而且價格也便宜，聽說紐約孤兒院的孩子們，胡蘿蔔吃得太多了，營養過分了呢！」

「哦！那還真是可怕呀！」

「這也難怪讓人害怕，如此一說，我們今天吃的胡蘿蔔可不少呀！」

「可是，臉色會不會變黃啊？」

旁邊的一個植物學家說：「蔬菜色素較強，尤其是胡蘿蔔的最強。但色素對身體並無害處，我也沒聽說過吃多了胡蘿蔔，臉色會變黃的。」

大家聽專家這麼一說，才安了心。

那天晚上的胡蘿蔔宴散後，大家都擠到鏡子旁，照照自己的臉是不是變黃了。只有福特一個人悠閒自得地喝水，他從不在乎這些。

福特倡導綠色生活，還表現在對大豆的研究開發上。

洛格河畔的農場，開滿了大豆的花。福特重視大豆，是因為他發現，沒有比大豆油更好的汽車塗料了。

大豆在全國各地都可種植，並可以使土地變得肥沃，大豆不僅可供食用，同時大豆油還能做甘油、炸藥、防火塗料、肥皂、印刷油墨等的燃料。

福特也曾想過，把大豆油用於汽車工業，如果能夠做到，那麼從這點著手，使農民既能夠生產吃的，同時也能夠生產用的，將農產品和工業品生產結合在一起，這不但可以解決農村貧困的問題，還可推動科學技術的發展。

福特把大豆帶到福特公司的材料實驗室，用一種特殊的汽油把大豆油提煉出來，再用它製成亮漆，在此基礎上進一步做成塑料。就這樣，在不知不覺中福特成了推進有機化學工業發展的先鋒，同時也成了綠色生活的倡導者。

有一次，福特把摻雜大豆粉烤成的麵包，給新聞記者吃。並且還附了一張說明書，說：「把這個麵包放在窗口九天後再吃，那滋味一定和烤的沒什麼區別，美味極了！」

又有一次，福特用大豆宴請客人。之前用胡蘿蔔做菜時是十二盤，現在用大豆做菜已增加至十六盤。

正好在這個時候，全國農業化學會議在迪爾本舉行。在會場中福特四處張望，好像是在找人似的。

忽然他看見一個個子很高、稍微有點駝背的黑人，穿著樸素的黑色西服，有著深深凹陷的眼眶。

「約翰．華盛頓．卡巴先生！」

福特這樣招呼著對方，並伸出手和卡巴先生握手為禮。

「久仰，久仰，很早就想請教您了。」

在很短的時間內，福特和卡巴就變成了親密的朋友。

「我想聽聽你講有關大豆的事情，你寫的東西我已經看過了。」

卡巴是美國著名的生物化學家博士，認真地聽了福特的想法後，便說：「我回到南部以後，不種落花生了，改種大豆試試看！」

福特對於南部發生興趣，就是在會晤卡巴之後，他在佐治亞州的聖巴拉附近，買了一大塊地，招募生活艱苦的白人和黑人移住該地，開闢試驗農場。

福特很想替這位黑人朋友建一棟華麗的別墅，但卡巴卻不肯接受。

「簡陋木屋正適合我住。」

於是福特在格林斐爾德村中蓋了「卡巴之家」，竣工的時候，卡巴看見一間小的簡陋木屋，非常高興。他常常到這間小屋來，埋頭研究農產品的新利用法。

自從福特遇到卡巴之後，對研究大豆的興趣一直不減，在之後的很長一段時間，仍堅持這項研究，他的心血沒有白費。事實早已證明，大豆的用途非常廣泛，特別是與之相似的農產品的加工利用前景十分廣闊，如酒精、人造板、樹脂膠等，為科學技術的發展開闢了一個嶄新的天地。

一九三八年夏，在福特七十五歲生日的那天，他收到了成千上萬件禮物，但其中最令福特愛不釋手的是一條以大豆為原料製成的領帶。

戰時的福特公司

一九三九年九月，德國納粹進攻波蘭。同一天，英國、法國對德宣戰，第二次世界大戰爆發。

福特像第一次世界大戰一樣，堅持自己的和平原則，不為任何參戰國製造軍事武器。而海外的工廠，則不受福特原則的約束，仍然為所欲為。所以這個時候，福特汽車公司的海外業務較第一次世界大戰期間有了很大的增長。

那些海外的福特汽車公司可以在英聯邦的領域內為英國女王效勞，尤其是加拿大的福特汽車工廠，它是英聯邦內最大的汽車生產公司。為了支援英國參戰，加拿大福特汽車公司趕製了五萬輛軍車運往歐洲戰場，而南非福特汽車工廠製造的軍車活躍在北非前線。

福特已經深深感覺到，美國又會像上次一樣，將不可避免地捲入這場戰爭。為了保衛國家，福特汽車公司也開始為美國軍方生產武器。

一九四一年，太平洋戰爭爆發，遵照美國總統羅斯福的指示，福特汽車公司在戰時將成為「民主國家的兵工廠」。

美國國防部一次就向福特公司訂購了四千台軍用飛機引擎。為完成這批訂貨，福特汽車公司以兩千萬美元新建了一座發動機廠。為了生產這種空冷式十八缸引擎所需的特殊合金，洛格河工廠花了八十萬美元重新建造了煉合金用的熔爐。

此外，福特汽車公司還承接了製造道格拉斯和康瑟利兩家公司所造的轟炸機的零件。後來，政府要求福特公司能獨立生產轟炸機。而福特早就有了這種想法，要像生產汽車一樣，利用流水線大規模地生產飛機。這次有軍方任務，福特覺得實現自己想法的機會來了。

福特公司在離底特律市五十公里的威羅蘭村建了一座世界上最大的轟炸機工廠，工廠長一千五百公尺，寬四百公尺。這座工廠以驚人的速度竣工，再一次向世人證實了福特創造高速度的奇蹟。

威羅蘭工廠在一九四一年設計，用了四個月澆灌地基，花費五個月安裝設備。

一九四二年五月，就已經成功投入生產。福特宣稱，他要用大規模生產方式生產飛機，達到每天生產一千架，這個數字後來被外界傳成了日產五千架。

威羅蘭工廠採用了福特最得意的大量生產的方式，和汽車工廠一樣，一切都是利用自動搬運器，是世界設備最先進、最完善的飛機製造廠。

威羅蘭工廠有十萬工人，他們要製造三萬多種零件，然後經七十多道工序，最後拼裝成 B-24 轟炸機，這是第二次世界大戰期間的主力轟炸機。已經退休的空軍上校，橫渡大西洋的英雄琳達上校也到威羅蘭工廠來幫忙。

福特很信任琳達，每次到工廠總是先找他，聽聽他的意見。當福特漸漸明白造飛機的來龍去脈後，他覺得這與造汽車只是大同小異。所以福特決定不參考過去生產飛機的慣例做法，而要按照自己設想的方式來製造。

軍方對第一次製造飛機的福特公司不是很放心，覺得他們的技術還不夠先進。

有一天，美國陸軍軍方派了一架轟炸機飛到了迪爾本機場，目的就是讓福特公司的工程師們觀摩，以作為他們製造時的參考樣機。

福特和蘇納倫登上飛機，到處看了看，他們互相交談：「你看，到處都有鉚釘。」

「嗯，不錯，而且銲接的地方好像很多。」

這時，他們身邊恰好站了一位飛機專家，聽了福特他們的談話，便說：「福特先生，那怎麼行？機身是絕不允許銲接的。」

福特就當沒聽見一樣，他吩咐手下的人著手研究銲接的技術問題。真正開始投入生產的時候，最令人頭痛的是美國軍方常常根據作戰需要修改設計圖紙。改變設計就需要改變生產製造的各種設備，這耗費了福特的大量人力、財力。

當一切走上軌道後，威羅蘭工廠開始生產 B-24 轟炸機，生產量達到了每月三百四十架。它沒有像福特說過的那樣每天生產一千架。但月產三百四十架已使政府很滿意了，這在過去是毫無先例的。此後工廠的生產效率不斷提高，到一九四五年，福特公司總共生產了八千多架轟炸機。

這個數字既使福特感到激動，又使他感到不安。畢竟，他為戰鬥中的祖國完成了這麼多的武器，令他激動。同時，這些武器是用去殺人的，一想到這些，福特就變得十分不安。

在第二次世界大戰期間，福特公司還在海蘭帕克廠和洛格河工廠生產坦克、裝甲車、水陸兩棲車、反坦克炮、軍用卡車等。

福特製造的 M-4 坦克，是美國陸軍的主戰坦克。經過改良的 M-4 坦克被稱為「謝爾曼」戰車。它在埃及戰場上與德國隆美爾元帥指揮的裝甲部隊短兵相接，創下了光輝的戰績。

在所有的軍工生產訂貨中，最適合福特公司的任務是製造軍用吉普車。福特生產的吉普車小巧、靈活，又很結實，爬坡力強，在沙地和泥濘中可正常行駛，時速可達一百公里，車上可裝配機槍。

由於此車性能好，陸軍的訂單一次次追加，福特汽車公司曾大量地生產了這種被稱為「閃電」的汽車。

失去兒子埃茲爾

福特汽車公司在興建迪爾本的洛格河工廠之時，福特與道奇兄弟等幾家股東分家了，福特汽車公司從此成為福特家族的公司。也就是從這個時候起，福特辭去公司董事長職務，讓位給年僅二十五歲的兒子埃茲爾。

埃茲爾是福特唯一的獨生子，但這份父子之情又非常複雜。福特從小就很喜歡他的獨生子，家業非他不傳。當埃茲爾作為公司董事長繼承職位時，福特實際上對他又很不滿意。而對埃茲爾的不滿福特也說不出任何道理，因為幾乎所有的決定都是福特自己做的，但他又不想要董事長這個職位。

首先，埃茲爾幫助福特，使他很順利地與道奇兄弟分家；其次埃茲爾有很多事務性的事，他並不喜歡做，或不善於做，他只想幹自己喜歡的事情。所以福特這種既要管事，又不想管事的態度在很大程度上妨礙了埃茲爾的成長。

終其一生，埃茲爾不過是個在福特強大的陰影下，忍辱負重的辦事員而已，他沒有為福特汽車公司的發展留下光輝的篇章，儘管他在總裁的位子上長達二十四年之久。

當然，這並不是說埃茲爾沒有自己獨立的想法。他雖屈從於福特，卻從未贊成過蘇納倫、哈里的管理方式。他反對福特的很多決策，也不像福特那樣「從不做慈善之舉」。埃茲爾一直是底特律公益基金最大的捐款人，一九三六年，他和父親福特捐資二十五萬美元，成立福特基金會。

埃茲爾很早就預測到福特T型車必須改型，他也一直努力地改善勞資關係，他又是威羅蘭工廠的赫赫功臣。埃茲爾自身性格懦弱，再加上福特的壓制，使得他無法施展自己的才華。

埃茲爾生性文靜，對人彬彬有禮，他的祕書從未看見過他生氣，更沒有受過他的指責。他不發脾氣，不講髒話，感情細膩，做事也從不衝動。認識他的人都能感受到他有很好的教養，「像個真正的紳士」。某些方面他繼承了福特的稟性。

埃茲爾和福特的辦公室是相鄰著的，無論多忙，每天工作結束後，這兩個辦公室總是整整齊齊、乾乾淨淨的。無論在公共場所還是在家裡，埃茲爾都站有站相，坐有坐相。總之，他是個很有規矩的人。

在公司，埃茲爾接手庫森斯留下來的工作：經銷、市場、會計。也留意工程技術方面的事。他跟福特一樣，對機械有強烈的興趣，也很熟悉。

埃茲爾很小的時候，福特就為他創造了實踐機械的條件。但是公司的引擎實驗室是福特的天下，埃茲爾很清楚，所以他只能將精力放在設計汽車的外形上。

福特和克萊拉是出了名的儉樸，但埃茲爾和妻子蕾伊娜不一樣，他們從小就過慣了優越的生活。他們倆是一九一六年結婚的。蕾伊娜出身大家閨秀，性格活潑開朗，很容易與人相處，福特夫婦都很喜歡她。

埃茲爾和蕾伊娜一結婚就搬出來獨自生活了。他們先是在印第安村居住，後來在格羅斯岬花十二萬美元買了棟房子，即使是在富豪區，這房子裝修也是相當時髦的。幾年後，又在底特律北郊買了棟別墅，名為「天堂」。

蕾伊娜的生活充滿情趣，冬天滑雪，春秋郊遊，夏天游泳。他們一共生了四個孩子，分別是一九一七年九月生的亨利．福特二世，一九一九年出生的小埃茲爾，後來改名班森，一九二三年生的約瑟芬和一九二五年生的威廉。

每年冬天和春天，埃茲爾全家人就到佛羅里達州去渡假，他們在南方的海灘邊有一棟別墅。夏天，這一家人帶著馬匹、傭人到緬因州的海豹港去，這裡也有一棟房子，修建在可以俯視大西洋的山岡上。

蕾伊娜的生活很考究，她日常用的東西一般在她父母開的百貨店裡買，但春秋的衣服，她就約了同樣是有錢人的女友，一造成紐約去買。常常是包下一節車廂，在車上歡樂一晚，第二天到紐約，住進預訂的豪華大酒店，買到她們想要的東西再回來。

蕾伊娜從小受藝術的薰陶，埃茲爾在這方面也是很有天賦的。他們夫婦在結婚之初就開始收藏藝術品，他們不但欣賞那些傳統的名畫，對那些還不怎麼有名的新派畫家，像梵谷、高更、馬諦斯等，接受得也比一般人要早。福特也非常了解埃茲爾的這份天賦，很信任地把各種車的外形設計交由他做。

福特喜歡跟埃茲爾在一起活動，他們有不少的合影，在一起試車，在一起檢查工廠，一起參觀格林斐爾德村。其中福特最喜歡的一張是他們倆一起坐在高背靠椅上，臉頰被爐火映得通紅的一張相片。福特將它製成賀年卡。這張照片反映的是福特所希望的父子關係：親密、和諧的同伴關係。

從外表看，這對父子相處得和諧親密，兩人每天都會花上幾小時在一起談話，如果不能見面談就打電話。他們之間設有專線，一打就是很長一段時間，埃茲爾的兒子班森回憶說，別人找他們，「幾乎每晚都占線」。

亨利二世繼承公司董事長職位時，把福特家人的資料銷毀了一部分，在目前所存留的為數不多的資料中，大多是他們父子間的信件、電報、卡片。內容談的都是天氣、旅遊感受、身體健康狀況、孩子們的學習情況等。這些信件的內容充滿了家庭生活的樂趣，與別人家沒有什麼不一樣。

但是，如果你想到他們是掌管著世界最大企業的家族，他們是汽車工業帝國的發號施令者，那你就感覺得到，這些信裡少了一種東西，少了嚴肅地討論問題的話題，而這在任何一個企業的領導層之間都是必不可少的。

雖然人們經常看到福特和埃茲爾在一起聊天，手挽著手談笑，有時對一些話題還特別有興致，但是，在這親情當中，卻有一塊真空地帶，他們不知道如何交流真正內心的想法。哪怕兩個人大吵一架，也算是一種交流的方式，遺憾的是連這也做不到。於是那種看上去的親密成了窒息他們父子情感的毒素。

在T型車黯淡無光、失去市場的歲月，為了改造T型車，埃茲爾曾不得不借外人在場的情況下，向福特提出建議，結果福特當場怒斥了他。如果換成別人，都可以私底下做自己父親的工作。當然，福特後來還是給了埃茲爾面子的，換成別人提這樣的問題，下場更慘。維爾斯就是為此辭職的，那森也是。

雖然埃茲爾是董事長，但所有的人都很清楚，福特汽車公司真正管事的是福特。他對外人說：「埃茲爾是個很優秀、很有修養的董事長。他懂藝術，對車型的設計也很在行，A型車、V-8車的外形都出於他的設計。他是個文靜的孩子，『每當要作重要決定時，仍請我以最高負責人的身分來參與決策』，他也熟悉勞工運動。」這是福特對埃茲爾的評價。

很顯然，這些素質離「好董事長」還很有差距。這就是父子悲劇的根本癥結所在。福特不願意放手，又不願意堂而皇之地掌權，而埃茲爾不知如何接手管理，又不知如何推卸，也不可能推卸。

就這樣，埃茲爾完全屈服於福特的意志，但這並非出於愛戴或崇拜，而是他懦弱的性格，這一點福特也非常明白。福特自然不喜歡孩子頂撞他，但也不願意看到自己的兒子那樣窩囊。他覺得自己有責任使埃茲爾變得堅強有魄力一些。他認為是小時候對埃茲爾太遷就、太過保護了，所以現在要用相反的方法，刺激他、摔打他，才會使他變得堅強些。

因此，後來福特經常為難埃茲爾。當埃茲爾準備在洛格河廠籌建新的焦炭爐時，福特當面並沒有說不贊成，但私下卻對哈里說等他一建好，我就把它給拆下來，後來他果然是這麼做的。他本來可以當面跟埃茲爾講清反對的理由，但他沒有作任何解釋，而要以那種極端的方式來增加埃茲爾的痛苦。

還有一次，因位於總公司大樓四樓的會計部辦公室空間狹窄，不夠使用，埃茲爾計劃重新建一棟供會計部和新設的銷售部使用的大廈，並已經積極行動和建築行業的人簽訂了合約。

當天晚上，大批工人乘坐卡車來到總公司大樓，他們一下車，就紛紛湧進四樓的會計部。在天亮之前，工人們把告示欄、櫃櫥、椅子，甚至電話等雜七雜八的東西都搬了個精光。第二天一早，這突如其來的變化使會計部的職員們莫不愕然。

蘇納倫對福特一貫唯唯諾諾，俯首帖耳，因此人們都叫他「鑄模之神」。事情發生後不久，他被叫到福特的住宅，福特神情嚴肅地下了命令：「把會計部的所有職員解聘……銷售部的職員也裁為一半！」於是，蘇納倫在剛上任為執行常務董事的那天，便得到了「劊子手」的「美譽」。

事後，埃茲爾又費了很大勁，才把會計部門的人安插到其他部門。整個一九二〇年代，福特經常這樣給他難堪。埃茲爾越服軟，福特越不滿意。福特越不滿意，埃茲爾越服軟，父子之間越來越不能理解溝通了。

早在福特T型車風靡全美、暢銷歐洲的時候，福特汽車公司的弊病就已顯露出來了。那時不但車子明顯過於陳舊，已經被人認為老古董，而公司的管理方式也有很大的弊端。

那些年，通用汽車公司採用現代管理手法，根據周密的研究，制定目標，他們建立的決策指揮機構具有最大的權威性，而決策又具有科學性，因此，在合理化的管理下通用汽車公司蒸蒸日上。

而福特汽車公司自己本身也是有制度、有系統的，但是它成功得太炫目了，權力也過於集中了，福特自己越來越聽不得別人的意見，大事小事，都要插手，都是他親自決策。單單一部福特T型車的改造問題，就暴露了他管理上的很多問題。

後起之秀通用公司、克萊斯勒公司都超過了福特公司，這並不只是它們開發了一種新車趕過了福特的舊車，屬技術競爭，而是一種先進的管理理念與另一種落後的管理制度的競爭。埃茲爾也曾極力反抗過福特的權威，但福特一開始並沒有在意。

一九二六年是美國經濟發展極為順利的時期，各種投資都得到豐厚的回報。正如人們所說的：「那時候想不賺錢也很難」。埃茲爾的朋友凱斯勒以前在福特汽車公司給他當過助手，後來拉攏了幾個人辦了幾家投資公司，埃茲爾也在其中。

很多年後，凱斯勒的投資公司實力大增，兼併了二十多家銀行和信貸公司，被稱為管理人商業銀行，成為密西根州最大金融機構。凱斯勒任總裁，埃茲爾則是最大的股東，擁有五萬股。

埃茲爾跟凱斯勒合作，反映了他對抗福特的意願，因為他投身金融界正是明確地表示了不贊成福特對金融界和銀行家的偏見，並且他的合作者還是曾被福特逐出公司的凱斯勒。凱斯勒很早就看出福特汽車公司的弊端不是技術落後，而是管理制度的不合理，因此，他極力慫恿埃茲爾擺脫福特的束縛。

但是埃茲爾好像總是走霉運，繁榮了幾年的市場，沒多久就被突如其來的經濟危機摧垮了，這些年發了點財的金融家和銀行家都自身難保。管理人財團的業務關係完全是建立在信用基礎之上的，一旦人們停止借錢，而貸出的錢又無法收回來時，銀行就無法正常運轉了。

一九二〇年代末期，凱斯勒向埃茲爾求救，從一九三〇年至一九三三年，埃茲爾拿出一千兩百萬美元給凱斯勒救急，但財團是個無底洞，困難重重的銀行管理人申請國家重建金融公司貸款三千七百萬美元解難。

而這時，已經身為參議院銀行和貨幣委員會主席的庫森斯出面干涉。對胡佛總統挽救銀行的這套辦法，他早就不贊同，因此他說，如果福特汽車公司支持的銀行有問題，那表明福特公司也有問題，他們應該自救，而不是靠政府拿納稅人的錢去填補那些無底洞。

這時候，福特才知道他的公司與管理人財團的關係。他過去只忙於他的事業，他對銀行也從未感過興趣。

現在埃茲爾無法再躲避這個問題了，他已經虧損了一千四百萬美元。他所投資的財團是福特向來不喜歡的事，和他共事的人也是福特不喜歡的人，他簡直不知道如何向福特開口，最後還是別人代埃茲爾跟福特解釋的。

此時福特手裡還有幾億資金存放在幾家銀行裡，他是唯一有能力救埃茲爾的人。他也這樣做了，但這件事過後，福特更不放心將公司交給埃茲爾了。此後，埃茲爾也不想幹這個有名無權的傀儡董事長了。

很長一段時間，埃茲爾都待在辦公室不出來，只有這樣他還感到自由點。而這段時間，他開始專心地設計他的林肯車。林肯「大陸」是一輛優秀的高級車，它是埃茲爾一生最大的亮點。

羅斯福出任總統後，任命原通用公司總裁那森為工業生產委員會主席。這時是第二次世界大戰期間，福特公司接受了政府軍用飛機的訂貨，福特派埃茲爾與那森商談生產計劃。

埃茲爾回來向福特上報了談判結果：工業生產委員會要求福特公司暫時停止生產飛機的計劃，要求公司先為英國趕製六千台飛機引擎，福特勉強同意了。而就在英國政府向福特表示敬意時，埃茲爾突然打電話給那森說他們不能替英國製造引擎。

那森問：「這是為什麼？」

「我父親福特改變了主意。」埃茲爾很不好意思地回答說。

「可是你才是董事長啊？」那森感到很氣憤。

埃茲爾一時也很為難，他說：「我知道，但父親不肯，你應該了解他是怎樣的一個人。」

那森急忙趕到底特律去找埃茲爾。正巧，福特和蘇納倫都在。他連忙問福特，有關引擎的事是怎麼回事。

「什麼引擎？」福特突然這麼一問。

那森雖然很不高興，但還是很友好地回答說：「為英國製造的飛機引擎呀，埃茲爾跟我說你不做了。」

「對，我們不做了。」福特很不高興，他解釋，他願意生產飛機引擎，但要透過美國政府簽約。福特汽車公司不直接給任何參戰國生產武器。

那森恍然大悟，高興地說，他馬上去處理這件事。

「找別人做吧，我們不做。」沒想到，福特突然又說了這麼一句話，氣得那森扭頭就走，這件事讓埃茲爾羞愧了很長一段時間。

一九四二年年初，埃茲爾突然顯得萎靡不振，從此身體就沒有恢復過。一開始，福特並沒有重視這種情況，他認為埃茲爾太貪圖享受了，只要調節一下他自己的生活方式，一切就會好起來。

埃茲爾出院沒多久後，福特找到蘇納倫，要他去跟埃茲爾談談。他說了一大堆不滿埃茲爾的話：他認為埃茲爾不該對凱斯勒這樣的人過於信任，更不應該對公司的哈里等人有意見，還說他的生活習慣不好等，讓蘇納倫一一轉告。

埃茲爾聽了這些指責的話語，眼淚再也忍不住掉了下來，他對蘇納倫說：「我看我最好還是離開公司吧，我的身體恐怕已經不行了。」蘇納倫勉強勸住了他。

但是埃茲爾真的拖不了幾天了，癌細胞已經擴散到身體的整個部位。一九四三年五月二十六日，他便長眠不醒了。

聽聞埃茲爾去世的消息，底特律全市人民都為他的死而哀悼痛惜，公司的員工們也都悲傷之至。埃茲爾去世後，福特復出擔任董事長職務。八十歲高齡的老翁，還要盡其最後一份力量來經營工廠，令人傷感。

所幸的是，福特的健康狀況良好，除了脊背稍有點彎曲外，身體其他部分都很正常。他每天早上五點多起床，散步半小時至一小時，隨即進早餐。

餐後，就趕到威羅蘭工廠，巡視那規模龐大的重轟炸機裝配工廠，然後出席會議，決定議案。同時，又要看看公司各部門情形。所以他一天都必須走好幾公里的路。

不但如此，福特還要到洛格河工廠各部門去巡視。就是年紀比他小一半的壯年人，這樣奔波辛勞，恐怕也會感到疲倦的！

工廠又開始生產汽車、卡車，這時，福特下了最大決心，因為他知道自己不會再活多久了。他說，要使他自己在世的時候，親眼看著福特公司在新董事長主持下，繁榮發達起來，然後，再與世長辭。

汽車工業之父

福特汽車公司的弊病，早在第二次世界大戰前，就已經暴露出來了。

一九四一年，它的汽車生產量由過去占美國汽車總產量的百分之五十七，跌至僅只占百分之十六，遠遠落在通用公司和克萊斯勒公司之後。戰爭結束後，福特也認識到，公司在他手裡，已不可能有更好的發展了。

就在福特汽車公司一步步走向沒落的時候，埃茲爾的兒子，也就是福特的長孫亨利二世來到他的身邊。

埃茲爾死後沒幾天，福特就與他的孫子見面了。亨利二世和他的弟弟班森共同繼承了埃茲爾的股份，並握有他母親的股份，此時亨利二世二十五歲，班森二十三歲。

八十歲高齡的董事長福特管理公司顯然已經力不從心，這時，公司最有權勢的實力人物是哈里和蘇納倫。

埃茲爾過去的朋友們，包括小羅斯福、小杜魯門、凱斯勒等人，都不願意看到福特汽車公司這份龐大的產業落到別人手裡，加之華府擔心福特汽車公司的情況越來越糟，影響到軍火合約的完成，他們一致認為，只有亨利二世才能挽救局勢。

而此時，亨利二世還在美國海軍服兵役，準備編入地中海艦隊。他的父親埃茲爾在第一次世界大戰中，因為公司的需要，福特將他留下來，沒有服兵役。但在福特參加競選時，這件事成了反對派攻擊他的重要口實。亨利二世牢記父親的教訓，堅持不肯離開部隊。最後還是在那些華府權勢人物的活動下，才將他召回底特律的。

亨利二世身材高大魁梧、聰明、直爽，從小福特就喜歡他，他三歲時，洛格河廠的「點火儀式」都是讓他操作的。但他真正掌管福特汽車公司卻不是福特一人之力促成的。

福特不能完全相信他，主要是擔心亨利二世的妻子。她是華爾街金融家麥克唐納家族的千金，福特擔心公司被他們接收過去，所以福特寧肯倚重自己的親信哈里。

哈里是福特公司後期一手遮天的人物。他由一名普通職員，平步青雲升為公司保安隊長，而後是福特服務處的領導，繼而升為公司副總裁，其實際權力與蘇納倫旗鼓相當。蘇納倫用高壓政策將公司治理得像個王國，而哈里則擅長特務工作，玩弄權術，他的黨羽都是一班令人厭惡的特工人員。

哈里將福特汽車公司的員工震懾得服服帖帖。他早就將祕書喬治整垮了，甚至敢於將手伸到埃茲爾的頭上，凱斯勒就是他趁埃茲爾不在時，向福特進言將其攆走的。埃茲爾死後，蘇納倫也被逼走了。福特之所以倚重信任哈里，一個是覺得他忠心不二，另一個是覺得他聰明、做事果斷，敢作敢當。

亨利二世於一九四三年八月回到福特汽車公司，他知道哈里不是什麼簡單人物，但要摸清此人到底有多大能耐。他決定一開始保持低調的態勢，韜光養晦，私下里作一些調查了解。

在不到一年時間，亨利二世已經集合了一大批精兵強將為他做事了，並爭取到了副總裁的位子，一步步，扎扎實實地走向櫃檯了。最重要的是有祖母克萊拉和母親蕾伊娜的支持。克萊拉自愛子埃茲爾去世後，對公司的前景表現出前所未有的擔憂和關心。

現在公司上下的員工都很明白，年過八十二歲的老福特已經難以擔負董事長的重任了。在克萊拉的大力舉薦下，一九四五年九月，老福特宣布自己退休，由年僅二十七歲的長孫亨利二世繼任董事長一職。

亨利二世一上台，便立刻宣布辭退哈里，在不到一個月的時間內，他在公司從上而下，徹底掃除了哈里的黨羽，可以明顯地看出，此前他已經把情況掌握得清清楚楚。

此後，亨利二世勇敢地擔負起了重整福特汽車公司的重任。他不僅讓弟弟班森加入董事會，而且還從外面廣羅人才，同時大膽啟用基層人才。

在他的管理下，集合了像麥克納馬拉、艾柯卡等這樣一批英才。前者曾經任約翰遜政府的國防部長，後者為世界著名企業家、克萊斯勒公司的救世主、公司總裁。亨利二世要跟通用汽車公司一樣，想要建立的是一個以自己為頭的集體領導體制。他要把公司融入社會，實行股份制。

已經老態龍鍾的福特汽車公司，在亨利二世的精明領導之下，一年之內便起死回生了。一九四六年，福特公司的汽車生產量由占國內市場份額的百分之十六迅速回升至百分之二十二。

老福特滿意地看到了亨利二世的成績，他對妻子克萊拉說：「你看，我們的孫子真能幹！」

克萊拉不無嘲諷地回答說：「當然不錯，可是亨利二世的做法卻和你不太一樣。」

老福特感慨萬千地說道：「時代不斷變化，這是沒有辦法的事，但是我一生為人們服務的準則，相信我們的孫子也會記得的。」

一九四六年六月，底特律市舉行紀念汽車工業興起五十週年的慶祝會，各種慶祝活動持續了十天。

市政府特別修建了一座高大的紀念碑，並舉行了盛大的汽車遊行活動。人們把這五十年間底特律生產的各種汽車，由最原始的到最新式的排成長長的隊伍。司機和車上的乘客都穿上與那輛車同時代的服裝，生動有趣地展示了底特律汽車工業發展的過程。遊行過程中，有些老式車在中途發生了故障，人們就推著它走，給它披上綵帶，就像推著嬰兒車一樣。

老福特是慶典活動中最受人尊敬的貴賓，政府特意授予他榮譽獎，以表彰他在汽車工業為人們作出的貢獻。

歷經五十年的風雨，底特律成為今天的底特律，汽車成為當今世界最重要的代步工具，福特是立下赫赫功績的人。所以他很欣慰地接受人們稱他為「汽車工業之父」的美譽。

一九四七年四月七日，老福特和往常一樣，在晚上九點左右進入他的臥室，可是剛睡下不到兩個小時後，突然醒來，感到頭痛，他叫了聲克萊拉，說他有點不舒服。聽到福特的聲音，克萊拉和六十年來一樣，立刻跑到床邊來，給他倒了一杯水，又請司機以最快的速度去請醫生。

克萊拉守在福特床邊，寸步不離。在他們結婚將近六十年的漫長歲月中，這一對夫妻始終緊握著手，互相支撐，互相偎依。福特幹了那麼多的大事，但他對別人總是說他這一生最成功的一件事就是娶了克萊拉，假如有來世，他會再找上克萊拉。現在，他把手放在克萊拉的手中，還沒等醫生來，就安靜地離開了。

福特的葬禮非常隆重，約有十萬人為他送葬出殯，這一天，美國所有的汽車生產線停工一分鐘，以紀念這位「汽車工業之父」。

附錄

但願上帝給那些勇於進取者更多的成功的機會。

——福特

經典故事

應徵之路

美國福特公司名揚天下，不僅使美國汽車產業在世界獨占鰲頭，而且改變了整個美國的國民經濟狀況，可是，誰又能想到它的創造者當初僅是靠真情和禮儀被聘用上的呢？

福特到一家汽車公司去應徵。一同前去應徵的人大多學歷比他高，有的還有實踐經驗。在其他人進行面試時，福特感到自己沒有希望了。

當他敲門走進董事長辦公室時，發現門口地上有一張紙，他便很自然地彎腰把它撿了起來，看了看，原來是一張廢紙，就順手把它扔進了垃圾簍。

董事長對這一切都看在眼裡。福特剛說了一句話：「我是來應徵的福特。」董事長就發出了邀請：「很好，很好，福特先生，你已經被我們錄用了。」

這個讓福特感到驚異的決定，實際上源於他那個不經意的動作。從此以後，福特開始了他的輝煌之路，直到把公司改名，讓福特汽車聞名全世界。

流水裝配線

一九〇八年，福特公司生產的T型車面世，福特把它稱之為「萬能車」，它成為低價、可靠運輸工具的象徵。僅第一年，T型車的產量就達到一萬零六百輛，打破了汽車業有史以來的所有紀錄。

到一九一三年年末，福特汽車公司的產量已經是全美國汽車總產量的一半。為了滿足市場需求，福特在工廠實行批量生產。福特推斷如果讓每一位工人在一個固定的職位，負責一件工作，而讓汽車從一個工序轉到另一個工序，汽車生產會更快地完成。

為了驗證這一理論，一九一三年夏天，在密西根州海安公園製造廠，福特公司用繩子和絞盤將汽車底盤在地板上進行傳送，現代汽車流水線批量生產從此開始，大幅度地提高了汽車生產效率，並最終實現使T型車下線的速度達每十秒鐘一輛。

後來，這種流水線操作方法被越來越多的公司所採用，到現在已被廣泛應用，流水線已成為工業企業必不可少的生產方式。

五美元新政

一九一四年一月五日，亨利·福特作出了一項舉世矚目的決定，將工人日最低工資提高到五美元，遠遠高於兩美元的平均水準，這在當時引起了極大的震動，也對美國乃至現代西方世界的發展產生了深遠影響。

福特的五美元改革，極大地增加了員工的歸屬感。福特的工人們開始以在福特公司工作為榮。

福特有個樸素的初衷，如果連生產汽車的人都買不起汽車，還指望誰來買？如果沒有人買得起，他造的汽車賣給誰？

為此，福特在將更多的錢給了工人的同時，也在努力進行技術創新，從而降低汽車製造的成本，製造出普通人能買得起的汽車。

五美元新政還在一定程度上引導了社會風尚。對工人來說，五美元不是唾手可得的，福特設定了相應的條件，比如說同家人生活在一起的已婚者，需樂意照顧家庭；年齡二十二歲以上的單身，為人要節儉；二十二歲以下的青年應有照顧和幫助近親或血親的願望。

不僅如此，福特還引領了美國企業家慈善意識的進步。由於五美元改革以及福特公司的壯大，福特很快成為風雲人物，他的一言一行，也對其他企業家產生了巨大影響。

八缸引擎

福特在要製造有名的 V-8 汽缸引擎汽車時，曾指示他手下的工程師著手設計一種引擎，要把八個汽缸全放在一起。設計的紙上作業已經完成，但是工程師們都異口同聲地跟福特說：「要把八個汽缸全放在一起，壓根是不可能。」

福特說：「無論如何都要做出來。」

工程師們又回答：「但是，那不可能的啊！」

「動手做。」福特一聲令下，「不論花多少時間，做到交差為止！」

工程師們只得著手去做。如果他們還想待在福特的公司裡討生活，就別無選擇。

過了半年，沒有動靜。又過了半年，一樣沒有半點進展。工程師們試過了所有想得出來的計劃，結果仍然是不可能。

過了一年，福特的工程師們仍沒有進展，他們再次告訴福特，他們想不出有什麼辦法可以做到福特的指示的要求。

「繼續做，」福特說，「我要八汽缸引擎，就一定要做到！」

工程師們繼續努力，彷彿有神助似的，做法出籠了。福特的決心打贏了這一仗。

半杯理論

福特汽車公司初具規模後，有一次，福特在高層會議中建議改進現有的裝配線，從而提高生產效率。這個提議一提出，就遭到很多人的反對：有人覺得改進裝配線，既要投資購買機器，又得重新培訓工人，風險太大了；另一部分人則認為公司的生產能力已經夠強的，效益也很好，沒有必要花力氣去提高效率。

聽完大家的意見，福特舉起桌上的玻璃杯問：「你們看到了什麼？」

有人擔憂地說：「半杯水被喝了，杯子空了一半。」

「別擔心，」有人樂觀地說，「杯子裡還有一半水，渴了還有半杯水可喝。」

「我和你們不同，我看到的是杯子容積是水的兩倍。」福特說，「這裡的水用個一半大小的杯子就能盛下。用一隻大杯子做一隻小杯子能做到的事，這是對資源的浪費、是低效率。公司現在和生產線上的員工們就像這個大杯子，有一半的潛力沒發揮出來。我要做的是換個小杯子，然後我們就可以用大杯子來盛更多、更好的東西了！」

人生也是一樣，如果環境給你一個大杯子，請不要只用它來裝半杯水；如果你的天賦是個大杯子，請不要把它當小杯子來用。懂得百分百地利用自己擁有一切的，才是聰明人。

年譜

一八六三年七月三十日，生於密西根州迪爾本農場。

一八八七年，進底特律愛迪生電燈公司當技術員，後升為總工程師。他潛心設計汽車。

一八九六年，試製成一輛二汽缸氣冷式四馬力汽車。

一八九八年，成立底特律汽車公司，在生產了二十五輛汽車後便於一九〇〇年宣告破產。

一九〇三年，亨利．福特再次成立汽車公司，並一直擔任總經理。同年，公司生產出第一輛福特牌汽車。

一九〇八年，生產出世界上第一輛福特T型車，徹底改變了美國人的生活方式。

一九一一年，在底特律建成第一家汽車裝配工廠。

一九一三年，福特創立了全世界第一條汽車流水裝配線。這種流水作業法後來在全世界廣泛推廣。這種制度是在實行標準化的基礎上組織大批量生產，並使一切作業機械化和自動化，成為勞動生產率很高的一種生產組織形式。

一九一四年，福特汽車公司首次向工人支付八小時五美元的工資，改變了工人的勞動報酬。

一九一五年，美國總統威爾遜接見福特，盛讚福特汽車公司。

一九一九年，福特買下了公司其他股東的股份，建立起龐大的家庭企業，使公司成為二十世紀世界上最大的汽車公司。

一九二七年，福特汽車公司停止生產T型福特車，開始製造新式的A型車。

一九三二年，公司開始製造V-8型車。該公司已實現多樣經營，既製造、裝配、銷售轎車、卡車、曳引機及有關的零件和附件，還研製、生產消費用和航天工業用的電子產品和器具。

一九三六年，福特與兒子埃茲爾一起在密西根州底特律市創立了美國福特基金會。

一九四三年，亨利．福特的獨生子埃茲爾去世後，他把公司的指揮權交給其孫子亨利二世。

一九四六年，「汽車金色五十年」因為福特對汽車工業的貢獻而授予他榮譽獎，並稱他為「汽車工業之父」。

一九四七年四月七日，亨利．福特去世，享年八十三歲。

名言

●把大事化小，凡事做起來都會很容易。

●一個有工作能力和思考能力的人是注定會成功的。

●無論你認為自己行，還是不行，你都絕對是正確的。

●當你思索你能做，還是不能做的時候，你已經是對的了。

●品質就是在別人還沒有意識到的時候，你已經把它做對了。

●一個人能發現的最大驚喜，就是他做成了一件他過去想都不敢想的事。

●記住，要在你喪失自由的地方，成為一個自由人；要在你失敗的地方，贏得戰鬥。

●歷史或多或少就是胡說。唯一值得一個修補匠肯定的歷史，就是我們今天所創造的歷史。

●當你用更智慧的方法去做一件你曾經失敗的事的時候，那麼那次失敗就會成為一個機會。

●貧窮並不可怕，但是貧窮不可能用公式來消除，它只能透過艱苦的、聰明的工作來消除。

●只有透過誠實勞動，才能獲得財富和幸福。我們必須用自己的勞動來為世界的發展服務。

●教育能給一個人的最好東西，就是讓他擁有自己的力量，讓他掌握上天賦予他的工具，教會他怎樣去思考。

●真正的產業理念不是為了賺錢，產業理念是一種服務性的觀念，重複著一個有用的觀念，滿足成千上萬人的需要。

●任何人只要做一點有用的事，總會有一點報酬。這種報酬是經驗，這是世界上最有價值的東西，也是別人搶不去的東西。

●成功的祕訣，在於把自己的腳放入他人的鞋子裡，進而用他人的角度來考慮事物，服務就是這樣的精神，站在客人的立場去看整個世界。

●如果你想永遠做個雇員，那麼下班的汽笛吹響時，你就可以暫時忘掉手中的工作；如果你想繼續前進，去開創一番事業，那麼，汽笛僅僅是你開始思考的訊號。

國家圖書館出版品預行編目（CIP）資料

為世界裝上輪子：讓現代工業開始快速轉動的福特 / 烏日克著 .
-- 第一版 . -- 臺北市：崧燁文化 , 2020.06
面； 公分
POD 版

ISBN 978-986-516-248-1(平裝)

1. 福特 (Ford, Henry, 1863-1947) 2. 傳記 3. 通俗作品

785.28 109007373

書　名：為世界裝上輪子：讓現代工業開始快速轉動的福特
作　者：烏日克 著
發 行 人：黃振庭
出 版 者：崧燁文化事業有限公司
發 行 者：崧燁文化事業有限公司
E-mail：sonbookservice@gmail.com
粉 絲 頁：　　網 址：
地　址：台北市中正區重慶南路一段六十一號八樓 815 室
8F.-815, No.61, Sec. 1, Chongqing S. Rd., Zhongzheng
Dist., Taipei City 100, Taiwan (R.O.C.)
電　話：(02)2370-3310 傳　真：(02) 2388-1990
總 經 銷：紅螞蟻圖書有限公司
地　址: 台北市內湖區舊宗路二段 121 巷 19 號
電　話:02-2795-3656 傳真 :02-2795-4100　網址：
印　刷：京峯彩色印刷有限公司（京峰數位）
本書版權為千華駐科技出版有限公司所有授權崧博出版事業有限公司獨家發行
電子書及繁體書繁體字版。若有其他相關權利及授權需求請與本公司聯繫。
定　價：450 元
發行日期：2020 年 06 月第一版
◎ 本書以 POD 印製發行